특별한 날의 손뜨개 인형

소중한 날 마음을 전하는 아미구루미 디자인 15

특별한 날의 손뜨개 인형

- Crochet a bunch of festive presents! -

아미구루미닷컴 지음 | 임윤경 옮김

특별한 날의 손뜨개 인형

발행일 2022년 10월 11일 초판 1쇄 발행
지은이 아미구루미닷컴(Amigurumi.com)
옮긴이 임윤경
발행인 강학경
발행처 시그마북스
마케팅 정제용
에디터 최연정, 최윤정
디자인 강경희, 김문배

등록번호 제10-965호
주소 서울특별시 영등포구 양평로 22길 21 선유도코오롱디지털타워 A402호
전자우편 sigmabooks@spress.co.kr
홈페이지 http://www.sigmabooks.co.kr
전화 (02) 2062-5288~9
팩시밀리 (02) 323-4197
ISBN 979-11-6862-073-5 (13630)

Amigurumi Friends and Celebrations by Amigurumi.com
Copyright © 2021 Meteoor Books and Amigurumi.com
Original English edition 2021 by Meteoor Books, Antwerp, Belgium
All rights reserved.
Korean translation copyright © 2022 by Sigma Books
Korean translation rights are arranged with Meteoor bvba through AMO Agency.

이 책의 한국어판 저작권은 AMO에이전시를 통해 저작권자와 독점 계약한 **시그마북스**에 있습니다.
저작권법에 의해 한국 내에서 보호를 받는 저작물이므로 무단 전재와 무단 복제를 금합니다.

파본은 구매하신 서점에서 교환해드립니다.

* **시그마북스**는 (주)**시그마프레스**의 단행본 브랜드입니다.

만세, 만세, 만세! 꽃가루를 날리고 깃발을 내걸 시간이 되었어요! 우리가 준비한 손뜨개 인형, 아미구루미 축제에 여러분들을 초대합니다. 즐거운 마음으로 축제를 즐겨주세요! 인생에서 가장 아름다운 순간들은 가족, 친구들과 함께 보내는 시간이에요. 여기에서는 실을 가지고 모두 함께 모여주세요! 여러분이 가장 좋아하는 코바늘과 예쁜 실들을 가지고 축하를 해봅시다!

이 책에서 소개하고 있는 행복의 기운이 가득한 디자인들은 아미구루미닷컴(Amigurumi.com)에서 개최한 디자인 콘테스트에서 나온 결과물들이에요. 마치 선물 주머니에서 나온 깜짝 선물들처럼 말이에요. 부모님의 금혼식, 크리스마스트리 요정, 아기 배달부 황새, 핼러윈을 즐기는 아이들, 15번째 생일을 맞이한 로살리아를 비롯하여 우리가 함께 축하할 수 있는 멋진 우정과 기념일들에 주목했어요. 사랑이 가득한 결혼식이나 자랑스러운 졸업식, 오래 기다려온 아기의 탄생이나 가족들만의 기념일 등 일 년 내내 축하할(코바늘로 만들 수 있는) 일들은 넘쳐나요! 한 번 해보세요! 환한 미소와 함께 손으로 직접 만든 아미구루미를 선물하는 것보다 "사랑한다"는 말을 전하기에 더 좋은 방법은 없답니다.

이렇듯 즐거움이 가득한 디자인들 중 어떤 것이라도 좋아요. 여러분만의 작품을 만들어서 사랑하는 이들에게 선물하면 어떨까요? 코바늘뜨기에 능숙한 분들뿐만 아니라 초보자들도 단계별 사진과 교육 동영상이 함께 한다면 완벽한 아미구루미 선물을 만들 수 있을 거예요. 인생에서 맞이하는 큰 변화들과 기념일들에 박수를 보내며, 우리 모두 밤이 새도록 뜨개질을 해봅시다!

혹시 여러분이 만든 작품과 아미구루미에 대한 열정을 다른 사람들과 나누고 싶나요? 우리는 모두 실로 연결된 사이예요. www.amigurumi.com/3600이나 인스타그램에 해시태그 #amigurumifriendsandcelebrations를 달고 여러분의 사진을 올려주세요. 기다리고 있을게요!

모두 즐거운 코바늘뜨기가 되길 바랄게요!

CONTENTS

기본 재료	8	60	아기가 태어났어요(리틀아쿠아걸-에린나 리)
시작하기 전, 미리 알아두기	9	72	어버이날을 기념하며(끌로에 메이드-끌로에 코르텐)
기법	10	82	성대한 생일 파티를 준비해요(아무어 푸-카를라 미트라니)
행복한 밸런타인데이를 위하여(스터프더바디-나탈리아 오신스카)	18	88	첫 영성체를 기념하며(아무어 푸-카를라 미트라니)
메리 크리스마스(그린 프로그 크로셰-투이 안)	25	91	아기 2호가 생겼어요(델리구루미-엘로디 쇼크)
첫니가 빠졌어요(그린 프로그 크로셰-투이 안)	33	100	부활절을 기념하며(집집드림즈-엘리프 에디나 테크텐)
생일을 축하해요(아이랄리 디자인-알라리아 칼리)	39	106	우리 결혼했어요(이미구루미스-이멜다 "지노라" 아센시오)
금혼식을 기념하며(쿡 케이-호앙 티 응옥 안)	46	115	과자를 안 주면 장난칠 거예요(예실토스바-담라 사바스)
졸업을 축하해요(레이첼_메이크스크로셰-레이첼 펜윅)	54	122	등교 첫날이에요(렉스 인 스티치스-알렉사 템플턴)

기본 재료

다양한 색깔의 실

이 책에서는 모든 패턴마다 그 작품을 만들기 위해 디자이너가 사용했던 실의 무게를 포함하여 필요한 재료들을 기재해두었습니다. 그렇다고 해서 실을 선택할 때 너무 얽매일 필요는 없어요. 서로 무게가 다른 면이나 아크릴, 울 소재의 실로 대체할 수 있어요. 각각에 알맞은 코바늘만 있다면 말이에요.

실의 양은 패턴에 기재되어 있지 않아요. 사용되는 양이 그렇게 많지도 않고, 또 당겨 뜨는 정도에 따라 양이 달라질 수 있기 때문이에요. 다른 작품을 만들고 남은 실을 사용해도 좋고, 새 실로 시작해도 좋아요. 보통 색깔당 한두 타래면 충분할 거예요.

코바늘

실과 마찬가지로 코바늘도 다양한 종류와 사이즈가 있답니다. 큰 코바늘은 작은 코바늘보다 코를 크게 만들 수 있어요. 실 무게에 따라 알맞은 코바늘 사이즈를 선택하는 것이 중요해요. 아래 표에서 실의 무게에 따른 코바늘의 표준 사이즈를 찾아볼 수 있어요. 그러나 아미구루미의 경우 실에 어울리는 표준 사이즈보다 두세 사이즈 작은 코바늘을 주로 사용합니다. 안에 채워놓은 솜이 빠져나올 수 있는 구멍이 생기지 않도록 아주 촘촘하게 떠야 하는데, 작은 코바늘을 사용하면 훨씬 쉬워요.

코바늘은 보통 알루미늄이나 강철로 만들어졌어요. 금속 소재의 코바늘은 코 사이를 훨씬 쉽게 빠져나올 수 있어요. 고무 손잡이나 사용감이 좋게 만들어진 손잡이의 코바늘을 선택하는 편이 좋아요.

단수링

단수링은 금속이나 플라스틱으로 만든 작은 클립이에요. 시작점을 표시하고 단마다 정확한 콧수로 뜨고 있는지를 확인할 수 있는 단순한 도구예요. 단수링으로 각 단의 마지막 코를 표시해주세요.

솜

속을 채워 넣기에는 폴리에스테르 인조 섬유 솜이 좋아요. 뜨개 용품 판매점에서 쉽게 살 수 있어요. 비싸지도 않고, 세탁도 쉽고, 알레르기를 일으키지도 않아요. 솜을 너무 많이 넣으면 표면이 늘어져서 속이 보일 수 있으니 주의하세요.

얼굴 표현

거의 모든 패턴에서 나사형 단추눈을 사용합니다. 나사눈은 뜨개 용품 판매점에서 쉽게 구할 수 있어요. 나사형 단추눈을 사용할 때는 주의해야 해요. 일단 나사를 끼우면 다시 뺄 수 없기 때문이에요. 따라서 나사를 끼우기 전에 원하는 위치가 맞는지 반드시 확인해야 합니다.

아니면 수를 놓아서 얼굴을 표현하는 방법도 있어요. 이 방법은 3세 미만의 어린이에게 선물할 경우 추천해요. 수를 놓기 위해서는 끝이 둥근 돗바늘이 필요합니다.

번호(기호)	1	2	3	4	5	6
실의 종류	중세사	합태사	합태사 또는 병태사	병태사	태사	극태사
영국식 표기	3ply	4ply	double knitting(DK)	aran	chunky	super chunky
미국식 표기	Fingering	Sport	Light Worsted	Worsted	Bulky	Extra Bulky
권장 코바늘 미국 사이즈*	B-1에서 E-4	E-4에서 7	7에서 I-9	I-9에서 K-10 1/2	K-10 1/2에서 M-13	M-13 이상
권장 코바늘 사이즈*	2.25 -3.5mm	3.5 -4.5mm	4.5 - 5.5mm	5.5 - 6.5mm	6.5 - 9mm	9mm 이상

*아미구루미를 만들 때는 실의 라벨과 이 표에서 추천하는 것보다 두세 사이즈 작은 코바늘을 일반적으로 사용합니다.

시작하기 전, 미리 알아두기

난이도
초급　[★]
중급　[★★]
고급　[★★★]

모든 패턴에는 만들기 쉬운 정도를 알려주는 난이도를 명시해두었습니다. 혹시 뜨개 인형을 일컫는 아미구루미 만들기가 처음이라면, 초급의 패턴으로 시작해서 중급, 고급으로 나아가는 게 가장 좋습니다.

패턴의 구조
특별한 언급이 없다면 이 책의 모든 패턴은 나선형으로 계속 이어지도록 뜨면 됩니다. 조각을 잇는 방식이 아니에요. 나선형으로 코바늘을 뜨는 방법은 헷갈릴 수 있어요. 왜냐하면 어디에서 새로운 단이 시작되고 이전 단이 끝나는지 명확하게 나타나지 않기 때문이에요. 단을 놓치지 않기 위해 단수링이나 시침핀으로 단의 끝을 표시해주세요. 다음 단을 떴을 때 단수링 바로 위에서 끝나야 합니다. 어디를 뜨고 있는지 알 수 있도록 각 단의 끝으로 단수링을 옮겨주세요.

　각 줄은 지금 어디를 뜨고 있는지를 알려주는 '원형＋숫자＋단'으로 시작합니다. 단이 반복되는 경우에는, 예를 들면 '원형 9-12단'으로 표기되어 있어요. 이런 경우 그 단을 9단, 10단, 11단, 12단, 4번 반복하여 뜨면 됩니다.

　보통은 나선형으로 계속 이어지도록 뜨는 원형뜨기를 하지만, 간혹 그렇게 뜨지 않고 왕복하며 뜨는 단뜨기를 하는 경우도 있어요. 단뜨기로 바뀌는 경우 '숫자＋단'으로 표기되어 있어요.

　각 줄의 끝에는 '[9]'처럼 꺾쇠괄호 안에 떠야 하는 콧수가 표기되어 있어요. 의구심이 든다면 잠깐 콧수를 확인해주세요.

　단에서 일부 설명이 반복되는 경우, 반복되는 부분의 설명을 둥근 괄호 안에 표기하고 반복되는 횟수를 옆에 적어두었어요. 패턴이 조금 더 간결하고 깔끔하게 보이도록 말이에요.

아미구루미 갤러리
패턴마다 해당 작품의 전용 온라인 갤러리로 연결되는 URL과 QR코드가 포함되어 있습니다. 서로 완성한 아미구루미를 공유하고, 다른 사람들의 실과 색깔 선택에서 영감도 받으며 뜨개질의 즐거움을 누리세요. 방법은 간단해요. 링크를 따라가거나 핸드폰으로 QR코드를 스캔하기만 하면 돼요.

안전상 주의
인형을 3세 미만의 어린이에게 선물하는 경우 작은 부속품은 반드시 제거해주세요.

아미구루미 갤러리
QR코드를 스캔하거나 www.amigurumi.com/3600 을 방문하여 사진을 공유하고 아이디어를 찾아보세요.

기본 기법

아미구루미 만들기가 처음이라면 코바늘뜨기 기법 설명을 가까이 두는 것이 좋을 거예요. 다음에서 설명하는 기법들로 이 책에 나오는 모든 아미구루미를 만들 수 있답니다. 작품을 시작하기 전에 기본 기법들을 연습해보세요. 연습이 충분히 되었다면, 이 페이지들을 다시 찾아볼 필요 없이 패턴과 용어들을 훨씬 더 쉽게 이해할 수 있을 거예요.

기법 교육 영상

모든 기법의 설명마다 온라인 기법 교육 영상으로 연결되는 URL과 QR코드를 기재해 두었습니다. 이 교육 영상에서는 기법들을 단계별로 보여주므로 훨씬 더 빨리 습득하는 데 도움이 될 거예요. 링크를 따라가거나 스마트폰으로 QR코드를 스캔해주세요.

사슬뜨기 (영문 약어: ch)

단뜨기를 하는 경우 첫 번째 단은 사슬뜨기로 떠야 합니다. 코바늘로 실을 당겨 고리에 통과시키고(1) 조여질 때까지 고리를 당겨주세요(2). 코바늘에 실을 뒤에서 앞으로 감아주세요. 실을 감아준 상태에서 코바늘을 당겨서 이미 코바늘에 걸려 있는 고리에 통과시켜주세요(3). 이제 사슬뜨기 한 코가 완성되었습니다. 이 단계들을 패턴에 기재된 만큼 반복하여 기초 사슬코를 만들어주세요(4).

영상 교육을 위해 QR코드를 스캔하거나 www.stitch.show/ch 에 방문해주세요.

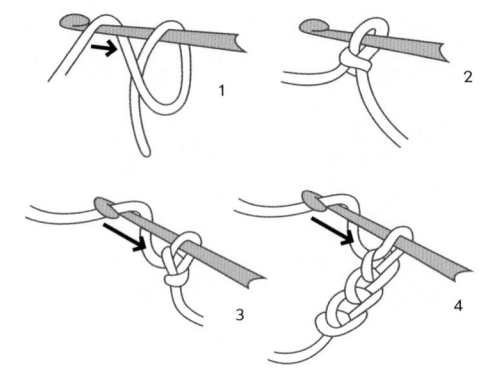

짧은뜨기 (영문 약어: sc)

짧은뜨기는 이 책에서 가장 자주 사용되는 기법이에요. 다음 코에 코바늘을 넣고(1) 실을 코바늘에 감아주세요. 실을 당겨 코를 통과시켜줍니다(2). 이제 코바늘에는 두 개의 고리가 걸려 있을 거예요. 다시 실을 코바늘에 감고 두 개의 고리를 한 번에 통과할 수 있도록 당겨주세요(3). 이제 짧은뜨기 한 코가 완성되었습니다(4). 계속해서 다음 코에 코바늘을 넣어주세요(5).

영상 교육을 위해 QR코드를 스캔하거나 www.stitch.show/sc 에 방문해주세요.

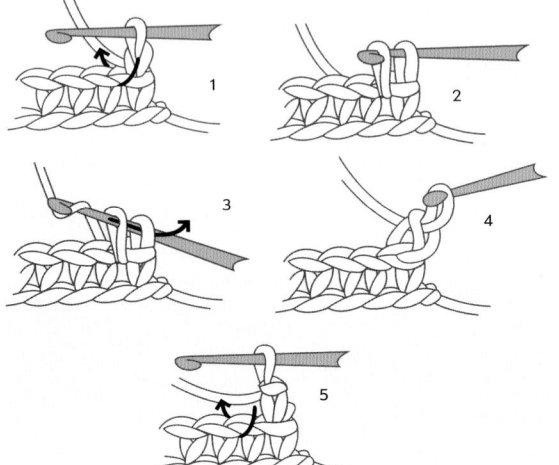

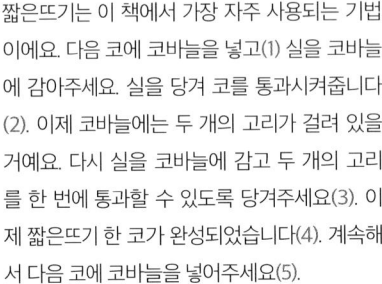

빼뜨기 (영문 약어: slst)

빼뜨기는 한 코 이상을 건너가거나 작품을 마무리할 때 사용되는 기법이에요. 코바늘을 다음 코에 넣어주세요(1). 코바늘에 실을 감고 코와 코바늘에 걸려 있는 고리를 한 번에 통과하도록 당겨주세요(2).

영상 교육을 위해 QR코드를 스캔하거나 www.stitch.show/slst 에 방문해주세요.

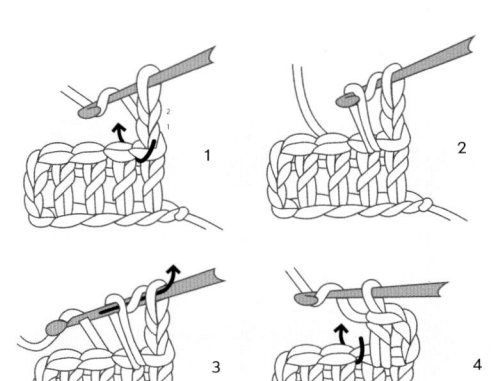

긴뜨기 (영문 약어: hdc)

새로운 단을 긴뜨기로 시작하는 경우, 높이를 맞추기 위해 사슬뜨기로 2코 떠주세요. 먼저 코바늘에 실을 뒤에서 앞으로 감은 다음, 코바늘을 코에 넣어주세요(1). 코바늘에 실을 감고 당겨서 코를 통과시켜주세요(2). 다시 한번 코바늘에 실을 감고 코바늘에 걸린 세 개의 고리를 모두 통과시켜주세요(3). 첫 번째 긴뜨기코가 완성되었습니다. 계속해서 바늘에 실을 감고, 다음 코에 바늘을 넣어주세요(4).

영상 교육을 위해 QR코드를 스캔하거나 www.stitch.show/hdc 에 방문해주세요.

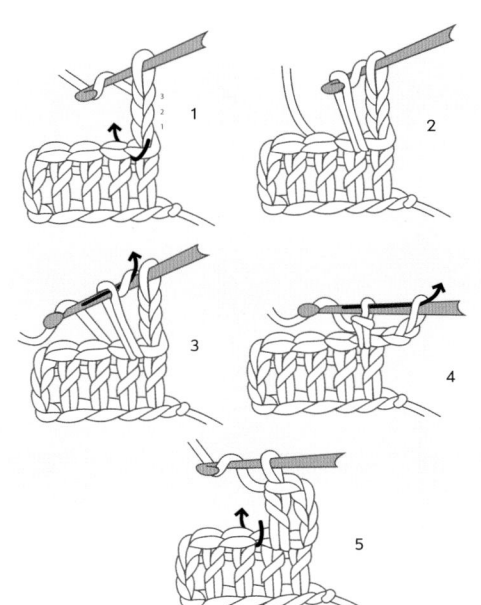

한길긴뜨기 (영문 약어: dc)

새로운 단을 한길긴뜨기로 시작하는 경우, 높이를 맞추기 위해 사슬뜨기로 3코 떠주세요. 먼저 코바늘에 실을 뒤에서 앞으로 감은 다음, 코바늘을 코에 넣어주세요(1). 코바늘에 실을 감고 당겨서 코를 통과시켜주세요. 이제 코바늘에게 세 개의 고리가 걸려 있습니다(2). 다시 한번 코바늘에 실을 감고 코바늘에 걸린 고리들 중 앞 두 개의 고리를 통과시켜주세요(3). 이제 코바늘에는 두 개의 고리가 걸려 있어요. 마지막으로 한 번 더 코바늘에 실을 감고 당겨서 코바늘에 걸린 두 개의 고리를 모두 통과시켜주세요(4). 이제 한길긴뜨기 한 코가 완성되었습니다. 계속해서 바늘에 실을 감고, 다음 코에 바늘을 넣어주세요(5).

영상 교육을 위해 QR코드를 스캔하거나 www.stitch.show/dc 에 방문해주세요.

두길긴뜨기 (영문 약어: tr)

새로운 단을 두길긴뜨기로 시작하는 경우, 높이를 맞추기 위해 사슬뜨기로 4코를 떠주세요. 먼저 코바늘에 실을 두 번 감은 다음, 코바늘을 다음 코에 넣어주세요(1). 코바늘에 실을 감고 당겨서 코를 통과시켜주세요(2). 다시 한번 코바늘에 실을 감고 당겨서 코바늘에 걸린 고리들 중 앞 두 개의 고리를 통과시켜주세요(3). 이 과정을 두 번 반복합니다(4, 5). 이제 두길긴뜨기 한 코가 완성되었습니다. 계속해서 바늘에 실을 두 번 감고, 다음 코에 바늘을 넣어주세요.

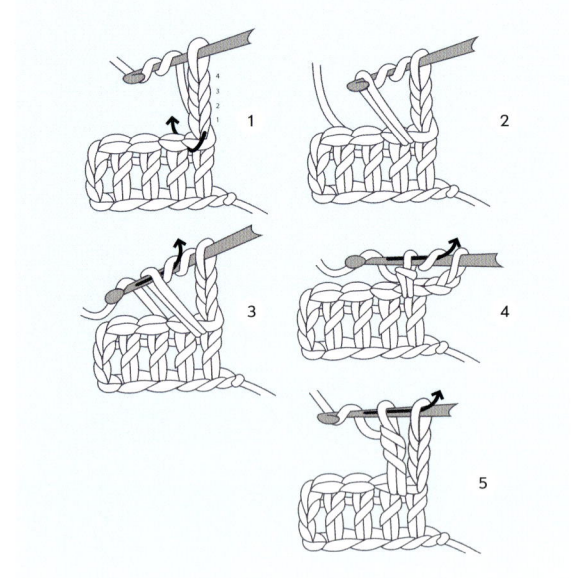

영상 교육을 위해 QR코드를 스캔하거나 www.stitch.show/tr에 방문해주세요.

코늘리기 (영문 약어: inc)

코늘리기는 다음 코에서 짧은뜨기 2코를 떠주면 됩니다.

영상 교육을 위해 QR코드를 스캔하거나 www.stitch.show/inc에 방문해주세요.

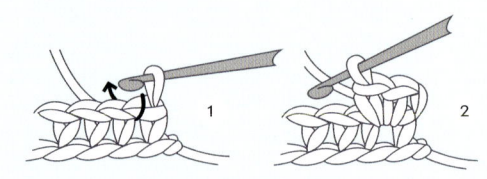

코줄이기 (영문 약어: dec)

여기에서의 코줄이기는 티 나지 않게 코를 줄이는 방법으로 뜨개질한 면이 도드라지지 않습니다. 첫 번째 코의 앞 반 코에 코바늘을 넣어주세요. 그런 다음 바로 두 번째 코의 앞 반 코에 코바늘을 넣어주세요(1). 이제 코바늘에는 세 개의 고리가 걸려 있습니다. 코바늘에 실을 감고 당겨서 코바늘에 걸린 고리들 중 앞 두 개의 고리를 통과시켜주세요(2). 다시 한번 실을 감고 당겨서 코바늘에 걸려 있는 나머지 두 개의 고리를 통과시켜주세요(3). 이제 코줄이기 한 번이 완성되었습니다.

영상 교육을 위해 QR코드를 스캔하거나 www.stitch.show/dec에 방문해주세요.

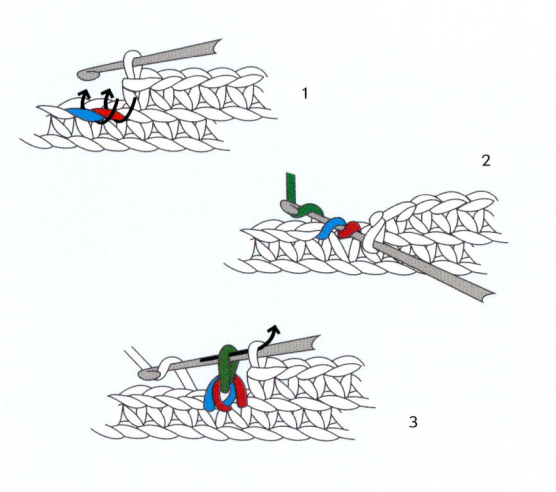

기법　13

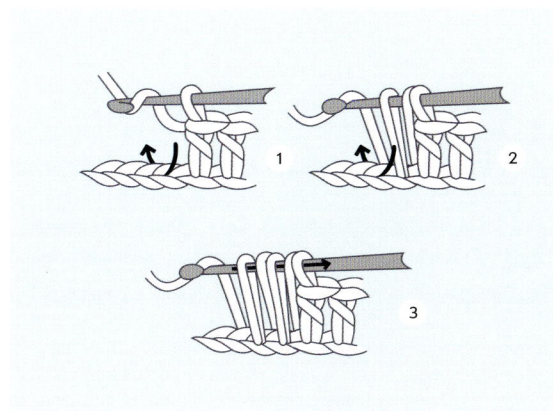

긴뜨기 3코 모아뜨기
(영문 약어: hdc dec 또는 hdc3tog)

먼저 코바늘에 실을 뒤에서 앞으로 감은 다음, 다음 코에 코바늘을 넣어주세요(1). 코바늘에 실을 감고 당겨서 코를 통과시켜주세요. 이제 코바늘에 세 개의 고리가 걸려 있습니다. 다음 코에 이 과정을 처음부터 반복해주세요(2). 이제 코바늘에 다섯 개의 고리가 걸려 있습니다. 다시 한번 코바늘에 실을 감고 당겨서 코바늘에 걸려 있는 다섯 개의 고리 모두를 통과시켜주세요(3). 이제 긴뜨기 2코가 줄어들었습니다.

영상 교육을 위해 QR코드를 스캔하거나 www.stitch.show/hdcdec에 방문해주세요.

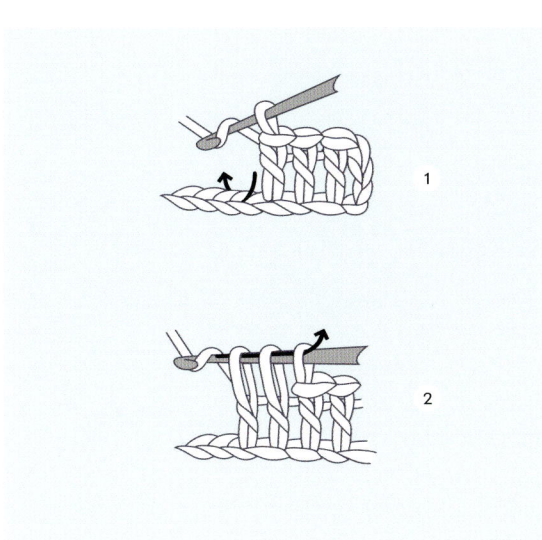

한길긴뜨기 3코 모아뜨기
(영문 약어: dc dec 또는 dc3tog)

먼저 코바늘에 실을 뒤에서 앞으로 감은 다음, 다음 코에 코바늘을 넣어주세요(1). 코바늘에 실을 감고 당겨서 코를 통과시켜주세요. 이제 코바늘에 세 개의 고리가 걸려 있습니다. 코바늘에 실을 감고 당겨서 코바늘에 걸려 있는 고리들 중 앞 두 개의 고리를 통과시켜주세요. 이제 코바늘에는 두 개의 고리가 걸려 있습니다. 다음 코에 이 과정을 처음부터 반복해주세요. 이제 코바늘에는 세 개의 고리가 걸려 있습니다. 다시 한번 코바늘에 실을 감고(2) 당겨서 코바늘에 걸려 있는 세 개의 고리를 모두 통과시켜주세요. 이제 한길긴뜨기 두 코가 줄어들었습니다.

영상 교육을 위해 QR코드를 스캔하거나 www.stitch.show/dcdec 에 방문해주세요.

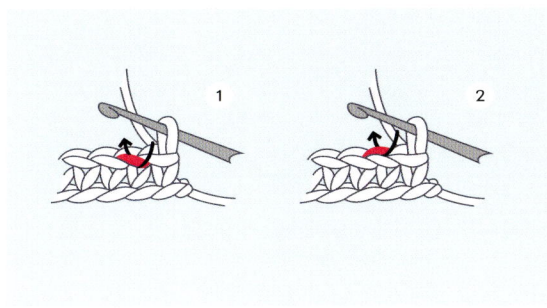

앞반코뜨기(영문 약어: FLO)
뒤반코뜨기(영문 약어: BLO)

코바늘로 코를 뜨면 코의 상단에는 두 개의 고리가 만들어집니다. 여러분에게 가까운 고리가 앞 반 코(1), 멀리 떨어진 고리가 뒤 반 코(2)입니다. 앞반코뜨기, 혹은 뒤반코뜨기 표시가 있으면 하나의 고리는 건드리지 않고 원래 뜨던 대로 뜨면 됩니다.

영상 교육을 위해 QR코드를 스캔하거나 www.stitch.show/FLO-BLO 에 방문해주세요.

매직링

매직링은 원형뜨기를 시작할 때 아주 좋은 방법이에요. 크기를 조절할 수 있는 고리에 원하는 콧수만큼 뜬 다음 고리를 바짝 당겨주면 됩니다. 이 방법의 좋은 점은 중앙에 구멍을 남기지 않는다는 거예요.

먼저 실을 교차시켜 원을 만들어주세요(1). 코바늘로 고리를 들어 올려 주세요. 너무 바짝 당겨서는 안돼요(2). 검지와 엄지손가락으로 원을 잡고, 중지에 타래에 연결된 뜨고 있는 실을 감아주세요(3). 코바늘에 실을 감고 당겨서 코바늘에 걸려 있는 고리에 통과시켜주면 사슬뜨기 한 코가 만들어집니다(4, 5). 이제 코바늘을 고리 속 실 꼬리 밑으로 넣어주세요. 코바늘에 실을 감고 고리를 당겨 올려주세요(6). 다시 한번 코바늘에 실을 감고(7) 당겨서 코바늘에 걸려 있는 두 개의 고리를 모두 통과시켜주세요. 이제 첫 번째 짧은뜨기 코가 완성되었습니다(8). 패턴에 기재된 콧수만큼 뜰 때까지 계속해서 떠주세요(6, 7, 8단계 반복). 이제 실 꼬리를 잡고 중앙의 구멍이 조여지도록 당겨주세요(9, 10). 이제 매직링의 짧은뜨기 첫 번째 코에서부터 두 번째 단을 뜨면 됩니다. 단수링으로 시작 지점을 표시해주세요.

만약 이 방법이 마음에 들지 않는다면 작품마다 다음의 방법으로 시작할 수도 있습니다. 사슬뜨기 2코, 코바늘에서 2번째 사슬코에 짧은뜨기 x코 - 여기에서 x는 여러분이 매직링에서 만들고자 하는 짧은뜨기의 콧수를 나타냅니다.

영상 교육을 위해 QR코드를 스캔하거나 www.stitch.show/magicring에 방문해주세요.

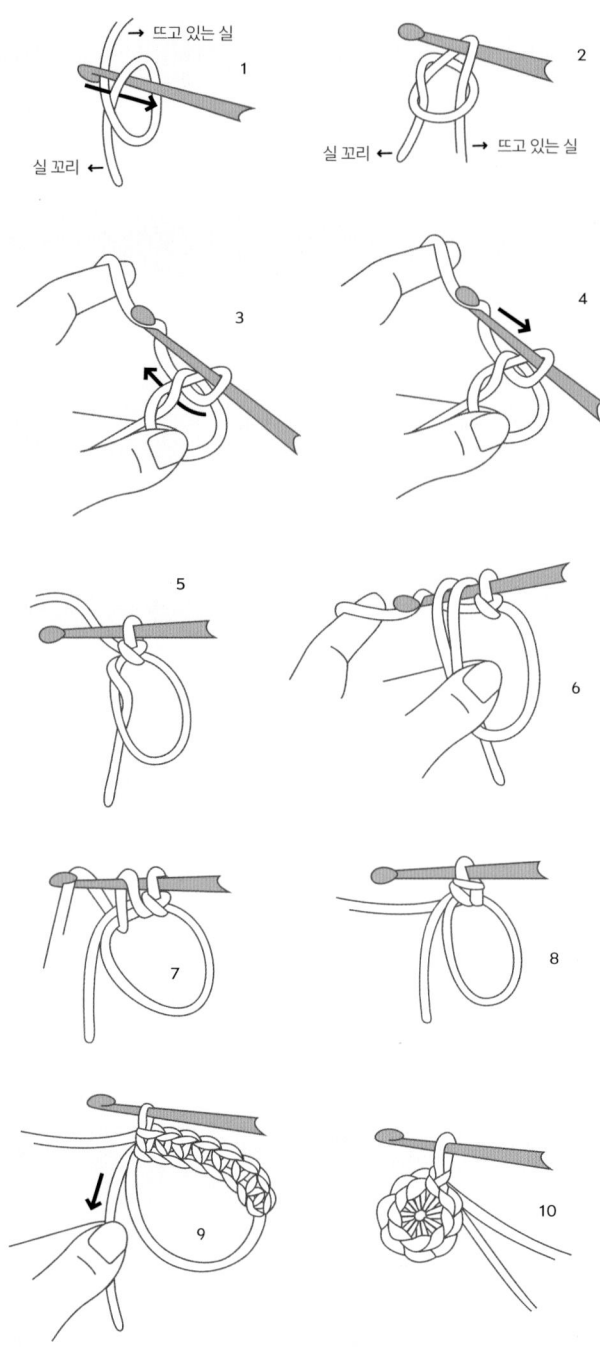

기초코를 둘러가며 뜨기

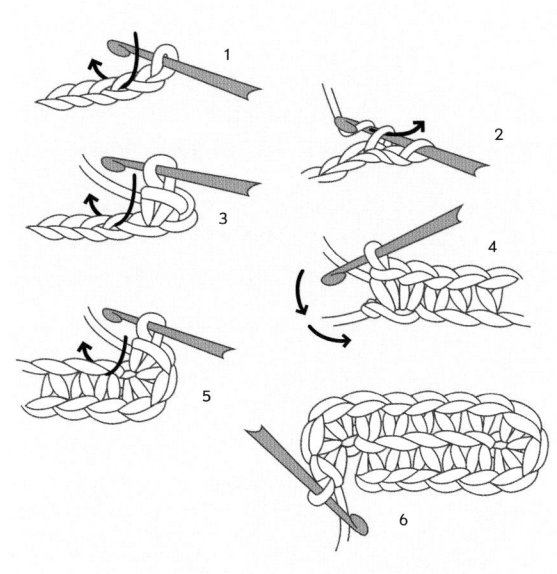

일부 작품들은 원이 아닌 타원형 모양으로 시작됩니다. 매직링에 뜨는 대신 기초코를 둘러가며 타원형 모양으로 떠주세요. 패턴에 기재된 수만큼 기초 사슬코를 떠주세요. 첫 번째 사슬코는 건너뛰고(1) 다음 사슬코에 짧은뜨기 코를 떠주세요(2, 3). 계속해서 각각의 사슬코에 패턴에 기재된 대로 떠주세요. 편물을 돌리기 전 마지막 코는 보통 코늘리기로 떠주면 됩니다(4). 이제 사슬뜨기 코의 아래쪽을 뜰 수 있도록 편물을 돌려서 윗부분이 밑으로 가도록 놓아주세요. 고리가 하나만 있는 게 보일 거예요. 이 하나의 고리에만 코바늘을 넣어주세요(5). 계속해서 각각의 사슬코에 코를 떠주세요. 다 떴을 때 반드시 마지막 코가 처음에 떴던 코 옆에 있어야 합니다(6). 이제 계속해서 나선형으로 떠주세요.

영상 교육을 위해 QR코드를 스캔하거나 www.stitch.show/oval 에 방문해주세요.

구슬뜨기

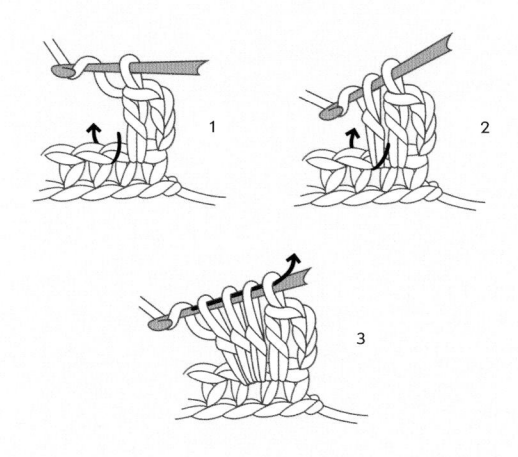

구슬뜨기로 뜨면 부드럽고 입체적인 구슬 모양이 만들어집니다. 동일한 코에 여러 개의 한길긴뜨기를 뜬다고 생각하면 돼요. 먼저 코바늘에 실을 뒤에서 앞으로 감은 다음, 코바늘을 코에 넣어주세요(1). 코바늘에 실을 감고 당겨서 코를 통과시켜주세요. 이제 코바늘에는 세 개의 고리가 걸려 있어요. 다시 한번 코바늘에 실을 감고 당겨서 코바늘에 걸려 있는 고리들 중 앞 두 개의 고리를 통과시켜주세요. 절반만 마무리한 한길긴뜨기 한 코가 완성되었고, 코바늘에는 두 개의 고리가 남아 있어요(2). 동일한 코에 이전 단계들을 두 번 반복해주세요. 코바늘에는 네 개의 고리가 걸려 있어야 해요. 코바늘에 실을 걸고 당겨서 코바늘에 걸려 있는 고리 모두를 통과시켜주세요(3). 한길긴뜨기 3코 구슬뜨기 1개가 완성되었어요. 패턴에 기재된 한길긴뜨기의 콧수만큼 떠서 구슬뜨기를 만들어주세요.

영상 교육을 위해 QR코드를 스캔하거나 www.stitch.show/bobble 에 방문해주세요.

피코뜨기

사슬뜨기 3코를 만들어주세요. 방금 만든 코들 중 첫 번째 사슬코에 코바늘을 넣고(1), 코바늘에 실을 감고 당겨서 코바늘에 걸려 있는 두 개의 고리를 모두 통과시켜주세요. 피코뜨기 1개가 완성되었습니다(2).

영상 교육을 위해 QR코드를 스캔하거나 www.stitch.show/picot에 방문해주세요.

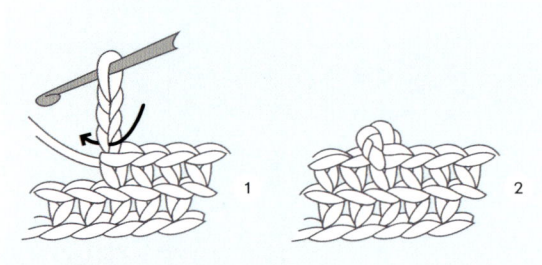

스파이크뜨기

영상 교육을 위해 QR코드를 스캔하거나 www.stitch.show/spike에 방문해주세요.

다음 코의 두 개의 고리에 뜨는 대신, 한 단 아래 동일한 위치의 코에 떠주세요(1). 코바늘에 실을 감고 당겨서 코를 통과시켜주세요. 이제 코바늘에는 두 개의 고리가 걸려 있습니다. 다시 한번 코바늘에 실을 감고 당겨서 코바늘에 걸린 두 개의 고리를 통과시켜주세요(2). 스파이크뜨기 1코가 완성되었습니다.

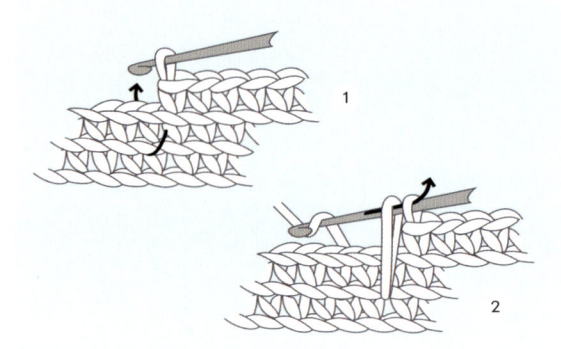

표면 빼뜨기

영상 교육을 위해 QR코드를 스캔하거나 www.stitch.show/surfaceslst 에 방문해주세요.

표면 빼뜨기는 편물의 표면 위에 빼뜨기를 떠서 장식해주는 방법이에요. 빼뜨기 장식이 시작되길 원하는 지점에서 코바늘을 앞면에서 뒷면으로 넣은 다음, 코바늘에 실을 감고 당겨서 코를 통과시켜주세요(1). 다음 코에 코바늘을 넣고 코바늘에 실을 감고(2) 당겨서 코와 코바늘에 걸려 있는 고리를 통과시켜주세요. 이게 표면 빼뜨기의 시작점이에요. 이 과정을 편물을 끝까지, 혹은 원하는 모양이 되도록 반복해주세요(3).

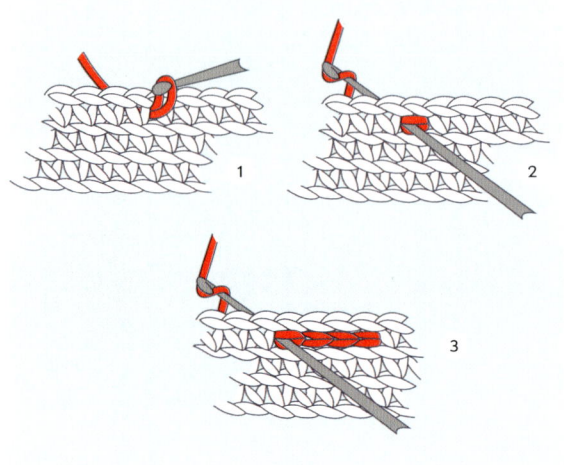

티 나지 않게 색깔 바꾸기

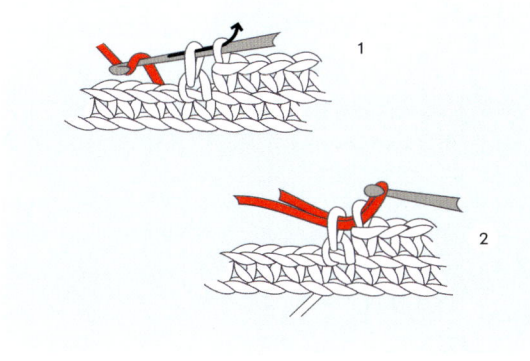

한 색에서 다음 색으로 바꾸고 싶을 때는 색깔이 바뀌기 전 2코 안에서 떠주세요. 다음 코를 원래대로 뜨지만, 마지막 고리는 당겨서 통과시켜주지 않습니다(1). 그 대신 새로운 색깔의 실로 코바늘을 감고 당겨서 남아 있는 고리들을 통과시켜주세요(2). 말끔하게 색깔을 교체하기 위해서 새로운 색깔의 실로 첫 코는 짧은뜨기 대신 빼뜨기로 떠주세요. 빼뜨기코를 너무 바짝 당기지는 마세요. 그럴 경우 다음 단에서 바늘을 넣어서 뜨기 힘들 수 있거든요. 실 꼬리들은 묶어서 매듭을 만들고 편물의 안쪽에 두면 됩니다.

영상 교육을 위해 QR코드를 스캔하거나 www.stitch.show/colorchange 에 방문해주세요.

실 정리하기

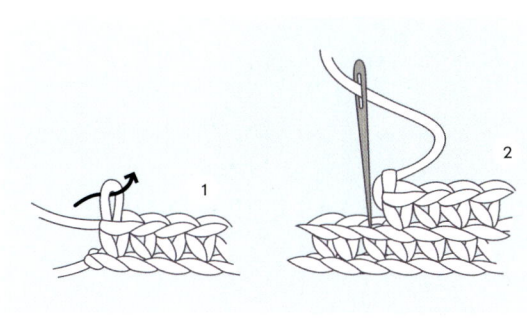

코바늘뜨기가 끝나면 마지막 코에서 몇 센티미터를 남겨두고 실을 잘라주세요.

실을 마지막 고리에 통과시켜서 끝까지 당겨주세요(1). 이렇게 마무리 매듭이 만들어졌어요. 돗바늘에 긴 실 꼬리를 꿰어준 다음 돗바늘을 다음 코의 뒤 반 코에 넣어주세요(2). 이 방법으로 마무리하면 완성된 작품에서 마무리 매듭이 눈에 띄지 않는답니다. 이 실로 계속해서 편물 조각들을 서로 꿰매어 줄 수 있습니다.

영상 교육을 위해 QR코드를 스캔하거나 www.stitch.show/fastenoff 에 방문해주세요.

배색뜨기

배색뜨기는 두 가지 이상의 색으로 모티브나 패턴을 만들 때 사용하는 기법이에요. 배색뜨기 기법으로 뜨는 경우, 한 색으로 계속 뜨면서 지금 뜨고 있지 않는 다른 색깔의 실도 코 안(V 모양의 상단)에 함께 가져갑니다. 다시 말해 코를 만들 때마다 지금 사용하지 않는 색깔의 실도 함께 감아줘야 합니다. 이 기법의 장점은 어느 쪽에도 느슨한 실 가닥이 남지 않으며, 편물 양쪽 모두 보기에 좋다는 거예요.

행복한 밸런타인데이를 위하여!

뽀뽀하는 인형인 몰리와 프랭크예요. 스터프더바디의 디자인입니다.

밸런타인데이를 맞아 곳곳에 사랑의 기운이 가득해요. 프랭크는 몰리에게 데이트 신청을 했어요. 둘은 공원에서 산책을 하고 피크닉을 즐기며 아이스크림도 함께 나누어 먹었지요. 멋진 하루가 끝날 때 즈음 프랭크는 몰리에게 입맞춤을 해도 되는지 물어보았어요. 얼굴이 빨개진 몰리는 좋다고 대답했고, 이렇게 해서 그들은 첫 키스를 하게 되었답니다.

난이도: ★★★
사이즈: 기재된 실로 만들 경우 높이 18cm

아미구루미 갤러리: 사진을 공유하고 아이디어를 얻기 위해 QR코드를 스캔하거나 www.amigurumi.com/3601에 방문해주세요.

몰리를 만들기 위해 준비해주세요

합태사
- 피부색
- 흰색
- 검은색

코바늘 사이즈 2mm
돗바늘
단수링
인조 섬유 솜

[몰리]

머리, 몸통과 왼쪽 다리 (피부색 실로 시작)

원형 1단 매직링에 짧은뜨기 6으로 시작 [6]
원형 2단 6코 모두 코늘리기 [12]
원형 3단 (다음 코에 짧은뜨기, 다음 코에 코늘리기) 6번 반복 [18]
원형 4단 (다음 2코에 짧은뜨기, 다음 코에 코늘리기) 6번 반복 [24]
원형 5단 (다음 3코에 짧은뜨기, 다음 코에 코늘리기) 6번 반복 [30]
원형 6단 (다음 4코에 짧은뜨기, 다음 코에 코늘리기) 6번 반복 [36]
원형 7단 36코 모두 짧은뜨기 [36]
원형 8단 다음 13코에 짧은뜨기, 코줄이기 2번, 다음 3코에 짧은뜨기, 코줄이기 2번, 다음 12코에 짧은뜨기 [32]
원형 9단 32코 모두 짧은뜨기 [32]
원형 10단 다음 12코에 짧은뜨기, (다음 코에 코늘리기, 다음 코에 짧은뜨기) 5번 반복, 다음 10코에 짧은뜨기 [37]
원형 11단 다음 13코에 짧은뜨기, (다음 코에 코늘리기, 다음 2코에 짧은뜨기) 5번 반복, 다음 9코에 짧은뜨기 [42]
원형 12-14단 42코 모두 짧은뜨기 [42]
원형 15단 (코줄이기, 다음 코에 짧은뜨기) 14번 반복 [28]
원형 16단 다음 5코에 짧은뜨기, 코줄이기 10번, 다음 3코에 짧은뜨기 [18]

머리에 솜을 넣어주고, 계속 뜨면서 솜을 넣어주세요.

원형 17단 다음 4코에 짧은뜨기, 코줄이기 6번, 다음 코에 짧은뜨기, 다음 코에 코늘리기 [13]
원형 18단 다음 5코에 코늘리기, 다음 7코에 짧은뜨기, 다음 코에 코늘리기 [19]
원형 19단 (다음 코에 짧은뜨기, 다음 코에 코늘리기) 5번 반복, 다음 8코에 짧은뜨기, 다음 코에 코늘리기 [25]

흰색 실로 교체해주세요.

원형 20단 (다음 2코에 짧은뜨기, 다음 코에 코늘리기) 5번 반복, 다음 9코에 짧은뜨기, 다음 코에 코늘리기 [31]
원형 21단 다음 7코에 짧은뜨기, 다음 코에 코늘리기, (다음 3코에 짧은뜨기, 다음 코에 코늘리기) 3번 반복, 다음 10코에 짧은뜨기, 다음 코에 코늘리기 [36]
원형 22단 다음 8코에 짧은뜨기, 다음 코에 코늘리기, (다음 4코에 짧은뜨기, 다음 코에 코늘리기) 3번 반복, 다음 11코에 짧은뜨기, 다음 코에 코늘리기 [41]
원형 23단 다음 8코 건너뛰기, 다음 6코에 짧은뜨기, 다음 8코 건너뛰기, 다음 8코에 짧은뜨기, 코줄이기, 다음 9코에 짧은뜨기 [24] (사진 1-2)
원형 24단 다음 14코에 짧은뜨기, 코줄이기, 다음 8코에 짧은뜨기 [23]

원형 24단의 첫 번째 앞 반 코를 표시해주세요. 나중에 이 코에서 스커트 만들기를 시작할 거예요.

원형 25단 이 단에서는 뒤 반 코에만 뜨기, 다음 14코에 짧은뜨기, 코줄이기, 다음 7코에 짧은뜨기 [22]
원형 26단 다음 7코에 코늘리기, 다음 6코에 짧은뜨기, 코줄이기, 다음 7코에 짧은뜨기 [28]
원형 27단 다음 20코에 짧은뜨기, 코줄이기, 다음 6코에 짧은뜨기 [27]
원형 28단 다음 20코에 짧은뜨기, 코줄이기, 다음 5코에 짧은뜨기 [26]
원형 29-32단 26코 모두 짧은뜨기 [26]
원형 33단 다음 10코에 짧은뜨기, 다음 11코 건너뛰기, 다음 5코에 짧은뜨기 [15] (사진 3-4)

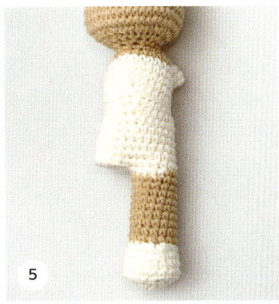   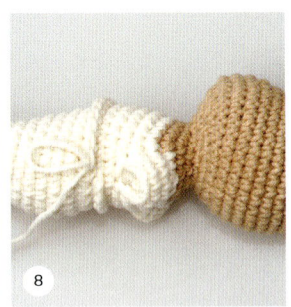

피부색 실로 교체해주세요.

원형 34 - 42단 15코 모두 짧은뜨기 [15]

원형 43단 다음 8코에 짧은뜨기, 흰색 실로 교체, 다음 7코에 짧은뜨기 [15]

원형 44단 다음 2코에 각각 짧은뜨기 3, 다음 13코에 짧은뜨기 [19]

원형 45단 다음 2코에 짧은뜨기, 다음 2코에 각각 짧은뜨기 3, 다음 15코에 짧은뜨기 [23]

원형 46 - 47단 23코 모두 짧은뜨기 [23]

원형 48단 이 단에서는 뒤 반 코에만 뜨기, 다음 코에 짧은뜨기, 코줄이기 11번 [12]

원형 49단 코줄이기 6번 [6]

실을 정리하고 실 꼬리를 남겨주세요. 돗바늘로 남은 코들의 앞 반 코에 실 꼬리를 꿰어준 다음 바짝 당겨서 조여주세요. 실 끝을 꿰어서 숨겨주세요(사진 5).

오른쪽 다리(흰색 실로 시작)

원형 33단의 건너뛴 코들 중 첫 번째 코에서 흰색 실의 고리를 당겨 올려주세요(사진 6).

원형 1단 남은 11코에 짧은뜨기, 단의 시작과 끝 사이 공간에 짧은뜨기 4 [15]

피부색 실로 교체해주세요.

원형 2 - 10단 15코 모두 짧은뜨기 [15]

원형 11단 다음 2코에 짧은뜨기, 흰색 실로 교체, 다음 7코에 짧은뜨기, 다음 2코에 짧은뜨기 3, 다음 4코에 짧은뜨기 [19]

원형 12단 다음 11코에 짧은뜨기, 다음 2코에 짧은뜨기 3, 다음 6코에 짧은뜨기 [23]

원형 13 - 14단 23코 모두 짧은뜨기 [23]

다음 8코에 짧은뜨기를 해주세요. 여기가 이 단의 새로운 끝이에요. 다리에 솜을 꼼꼼히 넣어주고 계속 뜨면서 솜을 넣어주세요.

원형 15단 이 단에서는 뒤 반 코에만 뜨기, 다음 코에 짧은뜨기, 코줄이기 11번 [12]

원형 16단 코줄이기 6번 [6]

실을 정리하고, 실 꼬리를 남겨주세요. 돗바늘로 남아 있는 코들의 앞 반 코에 실 꼬리를 꿰어준 다음 바짝 당겨서 조여주세요. 실 끝을 꿰어서 숨겨주세요(사진 7).

스커트(흰색 실로 떠주세요)

다리가 달린 몸통이 여러분의 반대쪽을 향하도록 두고 원형 24단에 표시해 둔 첫 번째 앞 반 코에서 흰색 실의 고리를 당겨 올려주세요.

원형 1단 이 단에서는 앞 반 코에만 뜨기, 23코 모두 짧은뜨기, 원으로 이어지도록 몸통 부분의 다음 코에 짧은뜨기로 1코 더 뜨기(사진 8) [24]

원형 2단 (다음 코에 코늘리기, 다음 2코에 짧은뜨기) 8번 반복 [32]

원형 3 - 5단 32코 모두 짧은뜨기 [32]

원형 6단 (다음 코에 코늘리기, 다음 3코에 짧은뜨기) 8번 반복 [40]

원형 7 - 10단 40코 모두 짧은뜨기 [40]

첫 번째 코에 빼뜨기 해주세요. 실을 정리하고 실 끝을 꿰어서 숨겨주세요(사진 9).

  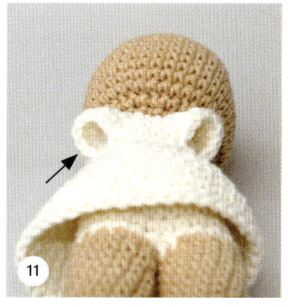 

팔 (2개 만들기, 흰색 실로 시작)

암홀의 건너뛴 코들 중 첫 번째 코에서 흰색 실의 고리를 당겨 올려주세요(사진 10-11).

원형 1단 남은 8코에 짧은뜨기, 단의 시작과 끝 사이 공간에 짧은뜨기 4 [12]

피부색 실로 교체해주세요.

원형 2-3단 12코 모두 짧은뜨기 [12]
원형 4단 코줄이기, 다음 10코에 짧은뜨기 [11]
원형 5-7단 11코 모두 짧은뜨기 [11]
원형 8단 코줄이기, 다음 9코에 짧은뜨기 [10]
원형 9-12단 10코 모두 짧은뜨기 [10]

팔에 솜을 넣어주세요.

원형 13단 코줄이기 5번 [5]

실을 정리하고, 실 꼬리를 남겨주세요. 돗바늘로 남은 코들의 앞 반 코에 실 꼬리를 꿰어준 다음 바짝 당겨서 조여주세요. 실 끝을 꿰어서 숨겨주세요(사진 12).

모자 (검은색 실로 시작)

원형 1단 매직링에 짧은뜨기 6으로 시작 [6]
원형 2단 6코 모두 코늘리기 [12]
원형 3단 (다음 코에 짧은뜨기, 다음 코에 코늘리기) 6번 반복 [18]
원형 4단 (다음 2코에 짧은뜨기, 다음 코에 코늘리기) 6번 반복 [24]
원형 5단 (다음 3코에 짧은뜨기, 다음 코에 코늘리기) 6번 반복 [30]
원형 6단 (다음 4코에 짧은뜨기, 다음 코에 코늘리기) 6번 반복 [36]
원형 7단 (다음 17코에 짧은뜨기, 다음 코에 코늘리기) 2번 반복 [38]
원형 8단 38코 모두 짧은뜨기 [38]

흰색 실로 교체해주세요.

원형 9단 38코 모두 뒤 반 코에만 짧은뜨기 [38]

검은색 실로 교체해주세요.

원형 10-12단 38코 모두 짧은뜨기 [38]
원형 13단 (다음 코에 짧은뜨기, 사슬 3코 피코뜨기, 다음 코에 짧은뜨기) 19번 반복 [38 + 피코뜨기 19]

다음 코에 빼뜨기를 해주세요. 실을 정리하고 실 끝을 꿰어서 숨겨주세요.

꽃 (흰색 실로 시작)

원형 1단 매직링에 짧은뜨기 6으로 시작 [6]
원형 2단 (다음 코에 짧은뜨기 6, 다음 코에 빼뜨기) 3번 반복 [21]

실을 정리하고, 꿰맬 수 있도록 실 꼬리를 길게 남겨주세요. 모자의 원형 9단 색깔이 바뀌는 곳에 꽃을 꿰매어주세요. 모자를 머리에 씌워주세요.

마무리

머리의 원형 10단과 11단 사이에서는 검은색 실로 양쪽 눈을 수놓아주세요.

프랭크를 만들기 위해 준비해주세요

합태사
- 피부색
- 흰색
- ● 검은색
- ● 회색
- ● 노란색

코바늘 사이즈 2mm
돗바늘
단수링
인조 섬유 솜

[프랭크]

머리, 몸통과 왼쪽 다리(베이지색 실로 시작)

원형 1 - 18단 몰리의 머리와 몸통 만들기 부분을 반복해주세요. 원형 18단의 첫 번째 앞 반 코를 단수링으로 표시해주세요. 나중에 이 코에서 칼라 만들기를 시작할 거예요. 검은색 실로 교체해주세요.

원형 19단 이 단에서는 뒤 반 코에만 뜨기, (다음 코에 짧은뜨기, 다음 코에 코늘리기) 5번 반복, 다음 8코에 짧은뜨기, 다음 코에 코늘리기 [25]

원형 20단 (다음 2코에 짧은뜨기, 다음 코에 코늘리기) 5번 반복, 다음 9코에 짧은뜨기, 다음 코에 코늘리기 [31]

원형 21단 다음 7코에 짧은뜨기, 다음 코에 코늘리기, (다음 3코에 짧은뜨기, 다음 코에 코늘리기) 3번 반복, 다음 10코에 짧은뜨기, 다음 코에 코늘리기 [36]

원형 22단 다음 8코에 짧은뜨기, 다음 코에 코늘리기, (다음 4코에 짧은뜨기, 다음 코에 코늘리기) 3번 반복, 다음 11코에 짧은뜨기, 다음 코에 코늘리기 [41]

원형 23단 다음 8코 건너뛰기, 다음 6코에 짧은뜨기, 다음 8코 건너뛰기, 다음 8코에 짧은뜨기, 코줄이기, 다음 9코에 짧은뜨기 [24] (사진 13 - 14)

원형 24단 다음 14코에 짧은뜨기, 코줄이기, 다음 8코에 짧은뜨기 [23]

원형 25단 다음 14코에 짧은뜨기, 코줄이기, 다음 7코에 짧은뜨기 [22]

원형 26단 다음 7코에 코늘리기, 다음 6코에 짧은뜨기, 코줄이기, 다음 7코에 짧은뜨기 [28]

원형 26단의 첫 번째 앞 반 코를 단수링으로 표시해주세요. 회색 실로 교체해주세요.

원형 27단 이 단에서는 뒤 반 코에만 뜨기, 다음 20코에 짧은뜨기, 코줄이기, 다음 6코에 짧은뜨기 [27]

원형 28단 다음 20코에 짧은뜨기, 코줄이기, 다음 5코에 짧은뜨기 [26]

원형 29 - 32단 26코 모두 짧은뜨기 [26]

원형 33단 다음 10코에 짧은뜨기, 다음 11코 건너뛰기, 다음 5코에 짧은뜨기 [15]

원형 34 - 42단 15코 모두 짧은뜨기 [15]

원형 43단 다음 8코에 짧은뜨기, 검은색 실로 교체, 다음 7코에 짧은뜨기 [15]

원형 44단 다음 2코에 각각 짧은뜨기 3, 다음 13코에 짧은뜨기 [19]

원형 45단 다음 2코에 짧은뜨기, 다음 2코에 각각 짧은뜨기 3, 다음 15코에 짧은뜨기 [23]

원형 46 - 47단 23코 모두 짧은뜨기 [23]

원형 48단 이 단에서는 뒤 반 코에만 뜨기, 다음 코에 짧은뜨기, 코줄이기 11번 [12]

원형 49단 코줄이기 6번 [6]

실을 정리하고, 실 꼬리를 남겨주세요. 돗바늘로 남은 코들의 앞 반 코에 실 꼬리를 꿰어준 다음 바짝 당겨서 조여주세요. 실 끝을 꿰어서 숨겨주세요(사진 15).

오른쪽 다리(회색 실로 시작)

원형 33단의 건너뛴 코들 중 첫 번째 코에서 회색 실의 고리를 당겨 올려주세요(사진 16).

원형 1단   남은 11코에 짧은뜨기, 이 단의 시작과 끝 사이 공간에 짧은뜨기 4 [15]

원형 2-10단   15코 모두 짧은뜨기 [15]

원형 11단   다음 2코에 짧은뜨기, 검은색 실로 교체, 다음 7코에 짧은뜨기, 다음 2코에 각각 짧은뜨기 3, 다음 4코에 짧은뜨기 [19]

원형 12단   다음 11코에 짧은뜨기, 다음 2코에 각각 짧은뜨기 3, 다음 6코에 짧은뜨기 [23]

원형 13-14단   23코 모두 짧은뜨기 [23]
다음 8코에 짧은뜨기 해주세요. 여기가 이 단의 새로운 끝이에요. 다리에 솜을 넣고 계속 뜨면서 솜을 넣어주세요.

원형 15단   이 단에서는 뒤 반 코에만 뜨기, 다음 코에 짧은뜨기, 코줄이기 11번 [12]

원형 16단   코줄이기 6번 [6]
실을 정리하고, 실 꼬리를 남겨주세요. 돗바늘로 남은 코들의 앞 반 코에 실 꼬리를 꿰어준 다음 바짝 당겨서 조여주세요. 실 끝을 꿰어서 숨겨주세요.

팔(2개 만들기, 검은색 실로 시작)

암홀의 건너뛴 코들 중 첫 번째 코에서 검은색 실의 고리를 당겨 올려주세요(사진 17).

원형 1단   남은 8코에 짧은뜨기, 단의 시작과 끝 사이 공간에 짧은뜨기 4 [12]

원형 2-3단   12코 모두 짧은뜨기 [12]

원형 4단   코줄이기, 다음 10코에 짧은뜨기 [11]

원형 5-7단   11코 모두 짧은뜨기 [11]

원형 8단   코줄이기, 다음 9코에 짧은뜨기 [10]

원형 9-11단   10코 모두 짧은뜨기 [10]
피부색 실로 교체해주세요.

원형 12단   10코 모두 짧은뜨기 [10]
팔에 솜을 넣어주세요.

원형 13단   코줄이기 5번 [5]
실을 정리하고, 실 꼬리를 남겨주세요. 돗바늘로 남은 코들의 앞 반 코에 실 꼬리를 꿰어준 다음 바짝 당겨서 조여주세요. 실 끝을 꿰어서 숨겨주세요.

옷단(검은색 실로 떠주세요)

다리가 달린 몸통이 여러분의 반대쪽을 향하도록 두고 원형 26단에 표시해 둔 첫 번째 앞 반 코에서 검은색 실의 고리를 당겨 올려주세요(사진 18).

원형 1단   28코 모두 짧은뜨기, 원으로 이어지도록 몸통 부분의 다음 코에 짧은뜨기로 1코 더 뜨기 [29]

원형 2-4단   29코 모두 짧은뜨기 [29]
다음 코에 빼뜨기 해주세요. 실을 정리하고 실 끝을 꿰어서 숨겨주세요(사진 19).

칼라(흰색 실로 떠주세요)

다리가 달린 몸통이 여러분의 반대쪽을 향하도록 두고 원형 18단에 표시해 둔 첫 번째 앞 반 코에서 흰색 실의 고리를 당겨 올려주세요.

원형 1단   19코 모두 짧은뜨기, 원으로 이어지도록 몸통 부분의 다음

코에 짧은뜨기로 1코 더 뜨기 [20]

원형 2단 다음 13코에 짧은뜨기, 사슬 3코 피코뜨기, 다음 코에 짧은뜨기, 사슬 3코 피코뜨기, 다음 6코에 짧은뜨기 [20+피코뜨기 2]

첫 번째 코에 빼뜨기 해주세요. 실을 정리하고 실 끝을 꿰어서 숨겨주세요(사진 20).

모자 (노란색 실로 시작)

원형 1단 매직링에 짧은뜨기 8로 시작 [8]
원형 2단 8코 모두 코늘리기 [16]
원형 3단 (다음 코에 짧은뜨기, 다음 코에 코늘리기) 8번 반복 [24]
원형 4단 (다음 2코에 짧은뜨기, 다음 코에 코늘리기) 8번 반복 [32]
원형 5단 (다음 3코에 짧은뜨기, 다음 코에 코늘리기) 8번 반복 [40]
원형 6반 뒤 반 코에만 (다음 6코에 짧은뜨기, 코줄이기) 5번 반복 [35]

원형 7-10단 35코 모두 짧은뜨기 [35]
원형 11단 (다음 4코에 짧은뜨기, 다음 코에 코늘리기) 7번 반복 [42]
원형 12단 (다음 5코에 짧은뜨기, 다음 코에 코늘리기) 7번 반복 [49]
원형 13단 (다음 6코에 짧은뜨기, 다음 코에 코늘리기) 7번 반복 [56]

다음 코에 빼뜨기 해주세요. 실을 정리하고 실 끝을 꿰어서 숨겨주세요(사진 21).

마무리

머리의 원형 10단과 11단 사이에 검은색 실로 양쪽 눈을 수놓아주세요(사진 22).

메리 크리스마스!

크리스마스트리 요정이에요. 그린 프로그 크로셰의 디자인입니다.

징글벨, 징글벨, 일 년 중 가장 아름다운 시기가 돌아왔어요! 모두들 집을 장식하고, 친구와 가족들을 멋진 크리스마스 저녁 식사에 초대할 거예요. 다들 웃고 떠드느라 크리스마스트리 요정의 종이 아주 작게 울리는 소리를 못 들을지도 몰라요. 왜냐하면 요정은 선물 더미 뒤에 숨어 있거든요!

난이도: ★★★
사이즈: 기재된 실로 만들 경우 높이 25cm

아미구루미 갤러리: 사진을 공유하고 아이디어를 얻기 위해 QR코드를 스캔하거나 www.amigurumi.com/3602에 방문해주세요.

준비해주세요

합태사
- 피부색
- 연녹색
- 진녹색
- 흰색
- 빨간색(남은 실)
- 진갈색(남은 실)

코바늘 사이즈 2mm와 2.75mm
나사형 단추눈(10mm)
진갈색 자수실
돗바늘
단수링
가위
핀
드레스에 필요한 8mm 단추 한 쌍
6×10mm 빨간색 종 여러 개
7×10mm 금색 종 여러 개
인조 섬유 솜
선택사항: 핑크색 블러셔
선택사항: 철사나 모루끈
선택사항: 섬유 접착제

주의 패턴에서 별도의 언급이 없다면 2mm 사이즈의 코바늘을 사용합니다.

팔 (피부색 실로 3개 만들기, 하나는 목을 지탱하는 관입니다)

원형 1단 매직링에 짧은뜨기 6으로 시작 [6]
원형 2단 (다음 2코에 짧은뜨기, 다음 코에 코늘리기) 2번 반복 [8]
원형 3-19단 8코 모두 짧은뜨기 [8]

다음 코에 빼뜨기 해주세요. 팔에는 솜을 넣지 않아도 돼요. 관으로 사용될 하나는 솜을 넣어주고 준비되어 있다면 모루끈도 넣어주세요. 실을 정리하고 실 끝을 꿰어서 숨겨주세요.

귀 (2개 만들기, 피부색 실로 떠주세요)

사슬뜨기로 5코 떠주세요. 기초 사슬코의 양쪽에 떠줄 거예요. 단뜨기로 뜹니다.

1단 코바늘에서 2번째 사슬코에서 시작, 다음 2코에 긴뜨기, 다음 코에 짧은뜨기, 다음 코에 짧은뜨기 4. 계속해서 기초 사슬코의 나머지 한쪽에 뜨기, 다음 코에 짧은뜨기, 다음 2코에 긴뜨기, 사슬뜨기 1, 편물 돌리기 [10]

2단 다음 5코에 짧은뜨기, 사슬뜨기 2, 코바늘에서 두 번째 사슬코에 빼뜨기, 다음 5코에 짧은뜨기 [13]

실을 정리하고, 꿰맬 수 있도록 실 꼬리를 길게 남겨주세요.

오른쪽 다리 (진갈색 실로 시작)

사슬뜨기로 6코 떠주세요. 기초 사슬코의 양쪽에 떠줄 거예요.

원형 1단 코바늘에서 2번째 사슬코에서 시작, 시작 사슬코에 코늘리기, 다음 3코에 짧은뜨기, 다음 코에 짧은뜨기 4. 계속해서 기초 사슬코의 나머지 한쪽에 뜨기, 다음 3코에 짧은뜨기, 다음 코에 코늘리기 [14]

원형 2단 다음 코에 코늘리기, 다음 2코에 짧은뜨기, 다음 2코에 긴뜨기, 다음 4코에 각각 긴뜨기 2, 다음 2코에 긴뜨기, 다음 2코에 짧은뜨기, 다음 코에 코늘리기 [20]

원형 3단   20코 모두 짧은뜨기 [20]
원형 4단   다음 6코에 짧은뜨기, 코줄이기 4번, 다음 6코에 짧은뜨기 [16]
흰색 실로 교체해주세요.
원형 5단   이 단에서는 뒤 반 코에만 뜨기, 다음 2코에 짧은뜨기, (다음 코에 짧은뜨기, 코줄이기) 4번 반복, 다음 2코에 짧은뜨기 [12]
원형 6단   다음 5코에 짧은뜨기, 코줄이기 2번, 다음 3코에 짧은뜨기 [10]
원형 7-11단   10코 모두 짧은뜨기 [10]
원형 12단   다음 코에 코늘리기, 다음 9코에 짧은뜨기 [11]
원형 13-16단   11코 모두 짧은뜨기 [11]
원형 17단   다음 2코에 짧은뜨기, 다음 코에 코늘리기, 다음 8코에 짧은뜨기 [12]
원형 18-19단   12코 모두 짧은뜨기 [12]
원형 20단   12코 모두 뒤 반 코에만 짧은뜨기 [12]
피부색 실로 교체해주세요. 흰색 실은 정리하지 않고 편물의 바깥쪽에 두세요. 나중에 러플 장식을 만들 때 사용할 거예요(사진 1). 발과 다리에 솜을 넣어주고, 계속 뜨면서 솜을 넣어주세요.
원형 21단   12코 모두 짧은뜨기 [12]
원형 22단   다음 3코에 짧은뜨기, 다음 코에 코늘리기, 다음 8코에 짧은뜨기 [13]
원형 23-27단   13코 모두 짧은뜨기 [13]
원형 28단   다음 6코에 짧은뜨기 [6] / 남은 코들은 뜨지 않고 남겨둡니다.
다음 코에 빼뜨기 해주세요. 실을 정리하고 실 끝을 꿰어서 숨겨주세요. 단수링으로 오른쪽 다리의 안쪽에서 중앙에 있는 코를 표시해주세요(사진 2의 초록색 단수링).

왼쪽 다리

원형 1-28단   오른쪽 다리 만들기 부분을 반복해주세요.
왼쪽 다리의 실은 정리하지 마세요. 원형 28단의 마지막 코는 뒤쪽 중앙에 위치해야 해요(사진 2의 분홍색 단수링). 이 지점까지 뜨기 위해 필요하다면 짧은뜨기를 몇 코 더 뜨거나 혹은 몇 코 덜 떠주세요. 진녹색 실로 교체해주세요(사진 2).

러플 장식

앞에서 남겨두었던 흰색 실로 양쪽 다리에 러플 장식을 떠주세요.
원형 19단의 남은 앞 반 코들   사슬뜨기 1, (다음 코에 긴뜨기, 사슬뜨기 2) 12번 반복, 다음 코에 빼뜨기 [러플 장식 12]
실을 정리하고 실 끝을 꿰어서 숨겨주세요(사진 2). 계속해서 몸통을 떠주세요.

몸통과 머리

다음 단에서 양쪽 다리를 연결하여 몸통을 만들어줄 거예요.

원형 29단 왼쪽 다리의 다음 11코에 짧은뜨기, 사슬뜨기 2, 오른쪽 다리의 단수링으로 표시한 코에 짧은뜨기(사진 3), 오른쪽 다리의 다음 12코에 짧은뜨기, 양쪽 다리 사이의 다음 사슬뜨기 2코에 짧은뜨기(사진 4), 왼쪽 다리의 다음 2코에 짧은뜨기 [30] (사진 5)

원형 30단 (다음 코에서 코늘리기, 다음 7코에 짧은뜨기, 다음 코에 코늘리기, 다음 6코에 짧은뜨기) 2번 반복 [34]

원형 31-32단 34코 모두 짧은뜨기 [34]

원형 33단 (코줄이기, 다음 7코에 짧은뜨기, 코줄이기, 다음 6코에 짧은뜨기) 2번 반복 [30]

피부색 실로 교체해주세요.

원형 34단 (다음 3코에 짧은뜨기, 코줄이기) 6번 반복 [24]

원형 35단 (다음 2코에 짧은뜨기, 코줄이기) 6번 반복 [18]

원형 36-42단 18코 모두 짧은뜨기 [18]

원형 42단의 마지막 코는 뒤쪽 중앙에 위치해야 해요. 이 지점까지 뜨기 위해 필요하다면 짧은뜨기를 몇 코 더 뜨거나 혹은 몇 코 덜 떠주세요. 다음 단에서 양쪽 팔을 몸통에 연결해줄 거예요.

원형 43단 몸통의 다음 4코에 짧은뜨기, 왼쪽 팔의 8코 모두 짧은뜨기, 몸통의 다음 10코에 짧은뜨기, 오른쪽 팔의 8코 모두 짧은뜨기, 몸통의 다음 4코에 짧은뜨기 [34] (사진 6-7)

원형 44단 다음 2코에 짧은뜨기, 코줄이기, 다음 8코에 짧은뜨기, 코줄이기, 다음 6코에 짧은뜨기, 코줄이기, 다음 8코에 짧은뜨기, 코줄이기, 다음 2코에 짧은뜨기 [30]

원형 45단 (다음 3코에 짧은뜨기, 코줄이기) 6번 반복 [24]

몸통에 솜을 넣어주고 계속 뜨면서 솜을 넣어주세요.

원형 46단 (다음 2코에 짧은뜨기, 코줄이기) 6번 반복 [18]

원형 47단 (다음 코에 짧은뜨기, 코줄이기) 6번 반복 [12]

원형 48단 (다음 2코에 짧은뜨기, 코줄이기) 3번 반복 [9]

원형 49-50단 9코 모두 짧은뜨기 [9]

원형 51단 9코 모두 코늘리기 [18]

원형 52단 (다음 코에 짧은뜨기, 다음 코에 코늘리기) 9번 반복 [27]

원형 53단 (다음 2코에 짧은뜨기, 다음 코에 코늘리기) 9번 반복 [36]

원형 54단 (다음 5코에 짧은뜨기, 다음 코에 코늘리기) 6번 반복 [42]

원형 55단 (다음 6코에 짧은뜨기, 다음 코에 코늘리기) 6번 반복 [48]

원형 56단 (다음 11코에 짧은뜨기, 다음 코에 코늘리기) 4번 반복 [52]

원형 57-70단 52코 모두 짧은뜨기 [52]

원형 71단 (다음 11코에 짧은뜨기, 코줄이기) 4번 반복 [48]

원형 72단 (다음 6코에 짧은뜨기, 코줄이기) 6번 반복 [42]

원형 73단 (다음 5코에 짧은뜨기, 코줄이기) 6번 반복 [36]

원형 74단 (다음 4코에 짧은뜨기, 코줄이기) 6번 반복 [30]

만들어둔 관을 인형의 목 안에 넣어주세요. 목을 지탱하는 데 도움이 될 거예요(사진 8). 목과 머리에 솜을 꼼꼼히 넣어주세요. 원형 61단과 62단 사이에 7코 간격으로 나사형 단추눈을 넣어주세요. 나사를 조이기 전에 진갈색 자수실로 속눈썹을 수놓아주세요(사진 9).

원형 75단 (다음 3코에 짧은뜨기, 코줄이기) 6번 반복 [24]

원형 76단 (다음 코에 짧은뜨기, 코줄이기) 8번 반복 [16]

원형 77단 코줄이기 8번 [8]

실을 정리하고, 실 꼬리를 남겨주세요. 돗바늘로 남은 코들의 앞 반 코

[드레스]

드레스 윗부분(흰색 실로 시작)

사슬뜨기로 23코 떠주세요. 단뜨기로 떠줄 거예요.

1단 코바늘에서 6번째 사슬코에서 시작(단춧구멍이 될 거예요), 다음 3사슬코에 짧은뜨기, (다음 사슬코에 코늘리기, 다음 사슬코에 짧은뜨기) 6번 반복, 다음 3사슬코에 짧은뜨기, 사슬뜨기 1, 편물 돌리기 [24]

2단 다음 3코에 짧은뜨기, (다음 코에 코늘리기, 다음 2코에 짧은뜨기) 6번 반복, 다음 3코에 짧은뜨기, 사슬뜨기 1, 편물 돌리기 [30]

3단 다음 3코에 짧은뜨기, (다음 코에 코늘리기, 다음 3코에 짧은뜨기) 6번 반복, 다음 3코에 짧은뜨기, 사슬뜨기 1, 편물 돌리기 [36]

진녹색 실로 교체해주세요. 흰색 실은 정리하지 않고, 나중에 러플 장식을 떠줄 때 사용할 거예요.

4단 이 단에서는 뒤 반 코에만 뜨기, 다음 코에 짧은뜨기, (다음 6코에 짧은뜨기, 다음 코에 코늘리기) 4번 반복, 다음 7코에 짧은뜨기, 사슬뜨기 1, 편물 돌리기 [40]

5단 다음 5코에 짧은뜨기, 사슬뜨기 1, 다음 9코 건너뛰기, 다음 12코에 짧은뜨기, 사슬뜨기 1, 다음 9코 건너뛰기, 다음 5코에 짧은뜨기, 사슬뜨기 1, 편물 돌리기 [22+2사슬코]

6-7단 24코 모두 짧은뜨기, 사슬뜨기 1, 편물 돌리기 [24]

8단 24코 모두 짧은뜨기, 사슬뜨기 5, 편물 돌리기 [24+5사슬코]

9단 코바늘에서 6번째 코에서 시작(단춧구멍이 될 거예요), 24코 모두 짧은뜨기, 사슬뜨기 1, 편물 돌리기

10-11단 24코 모두 짧은뜨기, 사슬뜨기 1, 편물 돌리기 [24]

초록색 실은 정리하지 않습니다(사진 10). 흰색 러플 장식을 드레스의 윗부분에 떠준 다음, 계속해서 드레스의 아랫부분을 떠주세요.

러플 장식

앞에서 남겨두었던 흰색 실로 러플 장식을 떠주세요(사진 11).

3단의 남은 앞 반 코들 사슬뜨기 1, (다음 코에 짧은뜨기, 사슬뜨기 2) 35번 반복, 다음 코에 빼뜨기 [러플 장식 35]

실을 정리하고 실 끝을 꿰어서 숨겨주세요(사진 12). 계속해서 초록색 실로 드레스의 아랫부분을 떠주세요.

드레스 아랫부분

양쪽을 연결하여 원형뜨기로 떠주세요. 다음 단에서 드레스 윗부분의 양쪽을 연결해줄 거예요.

원형 1단 (다음 코에 긴뜨기, 다음 코에 긴뜨기 2) 12번 반복, 드레스 윗부분의 다른 쪽 다음 코에 빼뜨기, 사슬뜨기 1 [36]

원형 2단 뒤 반 코에만 (다음 8코에 긴뜨기, 다음 코에 긴뜨기 2) 4번 반복, 다음 코에 빼뜨기, 사슬뜨기 1 [40]

원형 3단 (다음 9코에 긴뜨기, 다음 코에 긴뜨기 2) 4번 반복, 다음 코에 빼뜨기, 사슬뜨기 1 [44]

원형 4단 44코 모두 뒤 반 코에만 긴뜨기, 다음 코에 빼뜨기, 사슬뜨기 1 [44]

원형 5단 (다음 10코에 긴뜨기, 다음 코에 긴뜨기 2) 4번 반복, 다음 코에 빼뜨기, 사슬뜨기 1 [48]

원형 6단 48코 모두 긴뜨기, 다음 코에 빼뜨기, 사슬뜨기 1 [48]

흰색 실로 교체해주세요.

원형 7단 48코 모두 앞 반 코에만 각각 긴뜨기 2, 첫 번째 코에 빼뜨기 [96]

원형 8단 (다음 코에 긴뜨기, 사슬뜨기 1) 96번 반복 [96+96사슬코]

다음 코에 빼뜨기. 실을 정리하고 실 끝을 꿰어서 숨겨주세요(사진 13).

드레스의 아래쪽 러플 장식

드레스 아랫부분의 원형 4단에 남아 있는 앞 반 코들에 떠주세요(사진 14). 진녹색 실 고리를 당겨 올리고 사슬뜨기 1코를 떠주세요. 양쪽이 연결된 단에 원형뜨기로 뜨면 됩니다.

원형 1단   44코 모두 각각 긴뜨기 2, 다음 코에 빼뜨기, 사슬뜨기 2 [88]

원형 2단   (다음 3코에 한길긴뜨기, 다음 코에 한길긴뜨기 2) 22번 반복 [110]

다음 코에 빼뜨기를 해주세요. 실을 정리하고 실 끝을 꿰어서 숨겨주세요.

드레스의 위쪽 러플 장식

드레스 아랫부분의 원형 2단에 남아 있는 앞 반 코들에 떠주세요(사진 14). 진녹색 실 고리를 당겨 올리고 사슬뜨기 1코를 떠주세요. 양쪽이 연결된 단에 원형뜨기로 뜨면 됩니다.

원형 1단   다음 36코에 긴뜨기 2, 다음 코에 빼뜨기, 사슬뜨기 2 [72]

원형 2단   (다음 3코에 한길긴뜨기, 다음 코에 한길긴뜨기 2) 18번 반복 [90]

다음 코에 빼뜨기 해주세요. 실을 정리하고 실 끝을 꿰어서 숨겨주세요(사진 15).

소매 (2개 만들기)

드레스 윗부분의 암홀에 떠주세요. 암홀은 5단의 1사슬코와 4단의 11코(이전에 건너뛴 9코 + 건너뛴 코들의 앞 1코와 뒤 1코)로 되어 있어요(사진 16). 양쪽이 연결된 단에 원형뜨기로 뜨고, 각 단을 뜰 때마다 편물을 돌려주세요. 5단의 사슬코에서 진녹색 실 고리를 당겨 올리고 사슬뜨기 1코를 떠주세요.

원형 1 - 2단   12코 모두 짧은뜨기, 다음 코에 빼뜨기, 사슬뜨기 1, 편물 돌리기 [12]

원형 3단   12코 모두 짧은뜨기, 다음 코에 빼뜨기, 사슬뜨기 2, 편물 돌리기 [12]

원형 4단   앞 반 코에만 (다음 코에 한길긴뜨기 2, 사슬뜨기 1) 12번 반복 [36]

다음 코에 빼뜨기 해주세요. 실을 정리하고 실 끝을 꿰어서 숨겨주세요(사진 17).

빨간 리본 (빨간색 실로 시작)

(사슬뜨기 3, 코바늘에서 3번째 사슬코에서 시작, 시작 사슬코에 한길긴뜨기 2 + 사슬뜨기 3 + 빼뜨기) 2번 반복해주세요. / 실을 정리하고, 꿰맬 수 있도록 실 꼬리를 길게 남겨주세요. 실 꼬리로 리본의 중앙을 두 번 감아준 다음, 드레스의 2단에 리본을 꿰매어주세요.

드레스 장식하기

주의 3세 미만의 어린이에게 인형을 만들어줄 경우 단추와 종은 생략해주세요.

- 금색 종은 드레스의 첫 번째 러플 장식에 달아주세요(15코나 16코 간격으로 한 개씩 총 7개를 달아주세요).
- 빨간색 종은 드레스의 두 번째 러플 장식에 달아주세요(15코 간격으로 한 개씩 총 6개를 달아주세요) (사진 18).
- 드레스 윗부분의 1단과 8단에 작은 단추 2개를 달아주세요(사진 19).

머리카락 (연녹색 실, 코바늘 사이즈 2.75mm로 떠주세요)

원형 1단 매직링에 짧은뜨기 6으로 시작 [6]

원형 2단 6코 모두 코늘리기 [12]

원형 3단 (다음 코에 짧은뜨기, 다음 코에 코늘리기) 6번 반복 [18]
원형 3단에서 1첫 번째 코의 앞 반 코에 단수링을 걸어주세요. 계속해서 머리카락 가닥들을 떠주세요.

머리 가닥 1 사슬뜨기 13(사진 20), 코바늘에서 2번째 사슬코에서 시작, 시작 사슬코에 짧은뜨기, 다음 10사슬코에 긴뜨기, 다음 사슬코에 짧은뜨기, 원형 3단의 첫 번째 앞 반 코에 빼뜨기 [12]

머리 가닥 2-4 사슬뜨기 20(사진 21), 코바늘에서 3번째 사슬코에서 시작, 다음 17사슬코에 긴뜨기, 다음 사슬코에 짧은뜨기, 원형 3단의 다음 앞 반 코에 빼뜨기 [18]

머리 가닥 5-10 사슬뜨기 20, 코바늘에서 3번째 사슬코에서 시작, 다음 17사슬코에 긴뜨기, 다음 사슬코에 짧은뜨기, 원형 3단의 다음 뒤 반 코에 빼뜨기 [18]

머리 가닥 11-13 사슬뜨기 20, 코바늘에서 3번째 사슬코에서 시작, 다음 17사슬코에 긴뜨기, 다음 사슬코에 짧은뜨기, 원형 3단의 다음 앞 반 코에 빼뜨기 [18]

머리 가닥 14 사슬뜨기 13, 코바늘에서 2번째 사슬코에 짧은뜨기, 다음 10사슬코에 긴뜨기, 다음 사슬코에 짧은뜨기, 원형 3단의 다음 뒤 반 코에 빼뜨기 [12]

머리 가닥 15 사슬뜨기 27, 코바늘에서 3번째 사슬코에서 시작, (다음 4사슬코에 긴뜨기, 다음 사슬코에 긴뜨기 2) 3번 반복, 다음 9사슬코에 긴뜨기, 다음 사슬코에 짧은뜨기, 원형 3단의 다음 뒤 반 코에 빼뜨기 [28]

머리 가닥 16-17 사슬뜨기 16, 코바늘에서 3번째 사슬코에서 시작, 다음 2사슬코에 긴뜨기, 다음 사슬코에 긴뜨기 2, 다음 9사슬코에 긴뜨기, 다음 2사슬코에 짧은뜨기, 원형 3단의 16번째 뒤 반 코에 빼뜨기 [15] / 머리 가닥 16과 17의 끝은 같은 코에 빼뜨기 해주세요.

머리 가닥 18-19 사슬뜨기 16, 코바늘에서 3번째 사슬코에서 시작, 다음 2사슬코에 긴뜨기, 다음 사슬코에 긴뜨기 2, 다음 9사슬코에 긴뜨기, 다음 2사슬코에 짧은뜨기, 원형 3단의 17번째 뒤 반 코에 빼뜨기 [15] / 머리 가닥 18과 19의 끝은 같은 코에 빼뜨기 해주세요.

머리 가닥 20-21 사슬뜨기 16, 코바늘에서 3번째 사슬코에서 시작, 다음 2사슬코에 긴뜨기, 다음 사슬코에 긴뜨기 2, 다음 9사슬코에 긴뜨기, 다음 2사슬코에 짧은뜨기, 원형 3단의 18번째 뒤 반 코에 빼뜨기 [15] (사진 22) / 머리 가닥 20과 21의 끝은 같은 코에 빼뜨기 해주세요.

계속해서 머리 가닥 22 - 25를 떠주세요.

머리 가닥 22 사슬뜨기 27, 코바늘에서 3번째 사슬코에서 시작, (다음 4사슬코에 긴뜨기, 다음 사슬코에 긴뜨기 2) 3번 반복, 다음 9사슬코에 긴뜨기, 다음 사슬코에 짧은뜨기, 원형 3단의 첫 번째 뒤 반 코에 빼뜨기 [28]

머리 가닥 23-25 사슬뜨기 40, 코바늘에서 3번째 사슬코에서 시

작, 다음 38사슬코에 긴뜨기, 원형 3단의 뒤 반 코에 빼뜨기 [38] (사진 23)

실을 정리하고 실 끝을 머리카락의 오른쪽에 꿰서 숨겨주세요.
원형 3단에서 11번째 코의 뒤 반 코에서 연녹색 실 고리를 당겨 올려서 머리 가닥 26 - 28을 만들어주세요.

머리 가닥 26 - 28 사슬뜨기 40, 코바늘에서 3번째 사슬코에서 시작, 다음 38사슬코에 긴뜨기, 원형 3단의 다음 뒤 반 코에 빼뜨기 [38]

실을 정리하고 실 끝을 머리카락의 오른쪽에 꿰서 숨겨주세요(사진 24).

헤어 리본(빨간색 실로 떠주세요)

사슬뜨기 23코 떠주세요. 단뜨기로 뜹니다.
1단 코바늘에서 2번째 사슬코에서 시작, 다음 22코에 긴뜨기, 사슬뜨기 1, 편물 돌리기 [22]
2단 22코 모두 뒤 반 코에만 긴뜨기 [22]
실을 정리하고, 꿰맬 수 있도록 실 꼬리를 길게 남겨주세요. 양 끝을 함께 꿰매주세요. 실 끝으로 중앙을 감아서 리본을 만들어주세요 (사진 25 - 26).

조립하기

- 머리의 위쪽이 아래로 가도록 두고 양쪽 귀를 반으로 접어서 6코의 간격을 두고 머리의 원형 61단과 62단에 꿰매어주세요(사진 27). 양쪽 귀가 위를 향하도록 머리에 2코 꿰매어주세요(사진 28 - 29).
- 양쪽 눈 위로 3코 떨어진 곳에 진갈색 자수실로 눈썹을 수놓아주세요. 너비는 12~13cm, 높이는 2.5cm 정도가 되어야 해요.
- 원형 59단과 60단 사이에 피부색 실로 코를 수놓아주세요. 바늘을 4번 통과시켜서 4코 너비로 코를 만들어주세요.
- 양쪽 눈의 아래쪽 1/3을 흰색 실로 수놓아주세요.
- 인형의 양쪽 볼에 핑크색 블러셔를 발라주세요.
- 머리카락을 꿰매어주세요.
- 머리카락 가닥들의 위치를 정할 때 주의해야 할 점은 반드시 머리카락의 안쪽 면이 바깥쪽을 향하도록 두는 것입니다. 머리카락 가닥을 하나씩 배치하고 핀으로 꽂아주세요. 각각의 가닥을 꿰매거나 접착제로 붙여주세요(핀이 꽂혀 있는 곳까지 붙이고 각 가닥의 끝은 붙이지 않습니다). 접착제를 사용하는 경우 마를 때까지 핀을 다시 꽂아두세요.
- 머리카락의 원형 1단을 머리의 중앙에 핀으로 꽂아주세요.
- 머리 가닥 1은 오른쪽 귀의 위, 머리 가닥 14는 왼쪽 귀의 위에 둡니다. 머리 가닥 2 - 13은 머리 뒷부분에 꽂아주세요. 머리 가닥 22는 오른쪽 귀의 앞, 머리 가닥 15는 왼쪽 귀의 앞에 두세요(사진 30 - 32).
- 머리 가닥 16 - 21은 앞머리예요(사진 33).
- 머리 가닥 23, 24, 25를 땋고(사진 34), 땋은 머리의 끝부분을 연녹색 실로 꿰맨 다음 말아서 올리고(사진 35) 머리카락의 옆 부분에 꿰매어주세요. 머리의 반대쪽에서 머리 가닥 26, 27, 28로 이 과정을 반복해주세요.
- 말아 올린 머리 한쪽에 빨간색 헤어 리본을 꿰매어주세요.

첫니가 빠졌어요!

치아 요정이에요. 그린 프로그 크로셰의 디자인입니다.

젖니가 빠져도 너무 무서워하지 말아요. 밤에 빠진 이를 베개 밑에 두면 치아 요정이 그걸 가지러 올 거예요. 치아 요정이 이를 작은 가방에 넣은 다음 마법 지팡이를 한 번 휘둘러 주면, 베개 밑에서 이빨 대신 사탕을 발견하게 될 거예요!

난이도: ★★★
사이즈: 기재된 실로 만들 경우 높이 25cm

아미구루미 갤러리: 사진을 공유하고 아이디어를 얻기 위해 QR코드를 스캔하거나 www.amigurumi.com/3603에 방문해주세요.

준비해주세요

합태사
- 피부색
- 베이지색
- 연파란색
- 흰색
- 진갈색(남은 실)
- 분홍색(남은 실)

코바늘 사이즈 2mm와 2.75mm
인형용 나사형 단추눈(10mm)
이빨용 나사형 단추눈(6mm)
진갈색 자수실
돗바늘
단수링
가위
핀
드레스용 작은 단추 2개(8mm)
지팡이용 막대나 긴 이쑤시개
인조 섬유 솜
선택사항: 핑크색 블러셔
선택사항: 철사나 모루끈
선택사항: 섬유 접착제

주의 패턴에서 별도의 언급이 없다면 2mm 사이즈의 코바늘을 사용합니다.

팔(3개 만들기, 피부색 실로 떠주세요, 하나는 목을 지탱하는 관)

26페이지의 크리스마스트리 요정의 팔 만들기 패턴을 반복해주세요.

귀(2개 만들기, 피부색 실로 떠주세요)

26페이지의 크리스마스트리 요정의 귀 만들기 패턴을 반복해주세요.

오른쪽 다리(피부색 실로 시작)

26-27페이지의 크리스마스트리 요정의 오른쪽 다리 만들기 패턴을 반복합니다. **피부색 실로 다리 만들기를 시작해주세요. 흰색 실로 교체하는 것과 러플 장식 만들기는 생략해주세요.**

왼쪽 다리(피부색 실로 시작)

27페이지의 크리스마스트리 요정 왼쪽 다리 만들기 패턴을 반복합니다. **피부색 실로 다리 만들기를 시작해주세요. 흰색 실로 교체하는 것과 러플 장식 만들기는 생략해주세요.**

몸통과 머리(진갈색 실로 시작)

28-29페이지의 크리스마스트리 요정의 몸통과 머리 만들기 패턴을 반복해주세요.

드레스(연파란색 실로 떠주세요)

사슬뜨기로 29코 떠주세요. 단뜨기로 떠줍니다.

1단 코바늘에서 6번째 사슬코에서 시작(단춧구멍이 될 거예요), 다음 7사슬코에 짧은뜨기, 다음 2사슬코에 긴뜨기, 다음 6사슬코에 한길긴뜨기, 다음 2사슬코에 긴뜨기, 다음 7사슬코에 짧은뜨기, 사슬뜨기 1, 편물 돌리기 [24]

2-5단 24코 모두 짧은뜨기, 사슬뜨기 1, 편물 돌리기 [24]

6단 24코 모두 짧은뜨기 [24]

7단 사슬뜨기 5, 편물 돌리기, 코바늘에서 6번째 코에서 시작(단춧구멍이 될 거예요), 다음 24코 모두 짧은뜨기, 사슬뜨기 1, 편물 돌리기 [24] (사진 1)

양쪽을 연결하여 원형뜨기로 떠주세요. 다음 단에서 드레스 윗부분의 양쪽을 연결해줄 거예요.

1　2

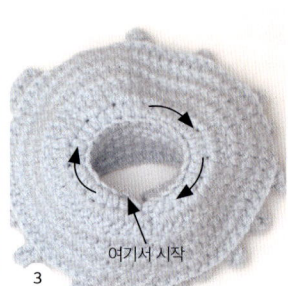

여기서 시작

3

4

첫니가 빠졌어요! 35

5

6

7   8

원형 1단 뒤 반 코에만(다음 코에 긴뜨기, 다음 코에 긴뜨기 2) 12번 반복, 계속해서 한 코 모두에 뜨기, 드레스 윗부분의 다른 쪽 다음 코에 빼뜨기, 사슬뜨기 2, 편물 돌리기 [36]

원형 2단 (다음 2코에 한길긴뜨기, 다음 코에 한길긴뜨기 2) 12번 반복, 다음 코에 빼뜨기, 사슬뜨기 2 [48]

원형 3단 (다음 5코에 한길긴뜨기, 다음 코에 한길긴뜨기 2) 8번 반복, 다음 코에 빼뜨기, 사슬뜨기 2 [56]

원형 4단 (다음 6코에 한길긴뜨기, 다음 코에 한길긴뜨기 2) 8번 반복, 다음 코에 빼뜨기, 사슬뜨기 2 [64]

원형 5단 (다음 7코에 한길긴뜨기, 다음 코에 한길긴뜨기 2) 8번 반복, 다음 코에 빼뜨기, 사슬뜨기 2 [72]

원형 6단 앞 반 코에만(다음 코에 긴뜨기, 사슬뜨기 2) 72번 반복 [216]

다음 코에 빼뜨기 해주세요. 실을 정리하고 실 끝을 꿰어서 숨겨주세요(사진 2).

드레스의 흰색 레이어드 스커트(흰색 실로 떠주세요)

연파란색 스커트의 뒤쪽으로 드레스 윗부분 원형 1단의 남은 앞 반 코들에 떠주세요(사진 3). 드레스의 위쪽을 아래로 두고 흰색 실의 고리를 당겨 올려주세요. 양쪽이 연결된 단에 원형뜨기로 떠주세요.

원형 1단 (다음 코에 한길긴뜨기, 다음 코에 한길긴뜨기 2) 12번 반복, 다음 코에 빼뜨기, 사슬뜨기 2 [36] (사진 4)

원형 2단 (다음 2코에 한길긴뜨기, 다음 코에 한길긴뜨기 2) 12번 반복, 다음 코에 빼뜨기, 사슬뜨기 2 [48]

원형 3단 48코 모두 한길긴뜨기, 다음 코에 빼뜨기, 사슬뜨기 2 [48]

원형 4단 (다음 3코에 한길긴뜨기, 다음 코에 한길긴뜨기 2) 12번 반복, 다음 코에 빼뜨기, 사슬뜨기 2 [60]

원형 5단 (다음 9코에 한길긴뜨기, 다음 코에 한길긴뜨기 2) 6번 반복, 다음 코에 빼뜨기, 사슬뜨기 2 [66]

원형 6단 (다음 10코에 한길긴뜨기, 다음 코에 한길긴뜨기 2) 6번 반복, 다음 코에 빼뜨기, 사슬뜨기 1 [72]

원형 7단 앞 반 코에만(다음 코에 짧은뜨기, 사슬뜨기 1) 72번 반복 [72+사슬코 72]

다음 코에 빼뜨기 해주세요. 실을 정리하고 실 끝을 꿰어서 숨겨주세요(사진 5). 드레스 윗부분의 1단과 6단에 단추를 꿰매어주세요. 진갈색 실로 1단의 중앙을 묶고(사진 6), 드레스를 인형에게 입힌 다음 목 뒤에서 실 꼬리를 묶어주세요.

[이빨]

첫 번째 부분(흰색 실로 떠주세요)

원형 1단 매직링에 짧은뜨기 6으로 시작 [6]

원형 2단 (다음 2코에 짧은뜨기, 다음 코에 코늘리기) 2번 반복 [8]

원형 3단 다음 3코에 짧은뜨기, 다음 코에 코늘리기, 다음 4코에 짧은뜨기 [9]

다음 코에 빼뜨기를 해주세요. 실을 정리하고 실 끝을 꿰어서 숨겨주세요.

두 번째 부분 (흰색 실로 떠주세요)

원형 1-3단 첫 번째 부분의 설명을 반복하고 실은 정리하지 마세요. 다음 단에서 두 부분을 합쳐줄 거예요.

원형 4단 두 번째 부분의 다음 4코에 짧은뜨기, 첫 번째 부분의 원형 3단 4번째 코에 짧은뜨기, 첫 번째 부분의 다음 8코에 짧은뜨기, 두 번째 부분의 다음 5코에 짧은뜨기 [18] (사진 7)

원형 5단 (다음 8코에 짧은뜨기, 다음 코에 코늘리기) 2번 반복 [20]

원형 6단 20코 모두 짧은뜨기 [20]

원형 7단 (다음 4코에 짧은뜨기, 다음 코에 코늘리기) 4번 반복 [24]

원형 8-11단 24코 모두 짧은뜨기 [24]

원형 12단 (다음 4코에 짧은뜨기, 코줄이기) 4번 반복 [20]

원형 13단 (다음 2코에 짧은뜨기, 코줄이기) 5번 반복 [15]

원형 14단 (다음 코에 짧은뜨기, 코줄이기) 5번 반복 [10]

다음 코에 빼뜨기 해주세요. 실을 정리하고, 꿰맬 수 있도록 실 꼬리를 길게 남겨주세요.

원형 8단과 9단 사이에 3코 간격으로 나사형 단추눈을 넣어주세요. 이빨에 솜을 넣어주고 입구가 닫히도록 꿰매어주세요(사진 8). 분홍색 실로 볼을, 진갈색 자수실로 입을 수놓아주세요(사진 9).

날개 (2개 만들기, 흰색 실로 떠주세요)

사슬뜨기로 12코 떠주세요. 기초 사슬코의 양쪽을 돌아가며 뜹니다.

원형 1단 코바늘에서 2번째 사슬코에서 시작, 다음 10코에 긴뜨기, 다음 코에 긴뜨기 6. 계속해서 기초 사슬코의 나머지 한쪽에 뜨기, 다음 10코에 긴뜨기, 사슬뜨기 1, 편물 돌리기 [26]

단뜨기로 계속 떠주세요.

2단 다음 10코에 긴뜨기, 다음 6코에 긴뜨기 2, 다음 10코에 긴뜨기, 사슬뜨기 1, 편물 돌리기 [32]

3단 다음 10코에 긴뜨기, (다음 코에 긴뜨기 2, 다음 코에 긴뜨기) 6번 반복, 다음 10코에 긴뜨기 [38]

실을 정리하고, 꿰맬 수 있도록 실 꼬리를 길게 남겨주세요. 양쪽 날개의 가장자리를 중앙으로 접은 다음 몸통 뒷면의 원형 42단과 44단 사이에 꿰매어주세요(사진 10-11).

이빨 가방 (진갈색 실로 떠주세요)

사슬뜨기로 8코 떠주세요. 기초 사슬코의 양쪽을 돌아가며 뜹니다.

원형 1단 코바늘에서 2번째 사슬코에서 시작, 다음 코에 긴뜨기 3, 다음 5코에 긴뜨기, 다음 코에 긴뜨기 6. 계속해서 기초 사슬코의 나머지 한쪽에 뜨기, 다음 5코에 긴뜨기, 다음 코에 긴뜨기 3 [22] (사진 12)

원형 2단 22코 모두 뒤 반 코에만 긴뜨기 [22]

원형 3-5단 22코 모두 긴뜨기 [22]

원형 6단 다음 코에 빼뜨기, 사슬뜨기 2, 앞 반 코에만(다음 코에 한 길긴뜨기, 사슬뜨기 2) 22번 반복

다음 코에 빼뜨기 해주세요. 실을 정리하고, 실 꼬리를 길게 남겨주세요. 실 꼬리를 돗바늘에 꿰고 원형 5단의 2코마다 실을 통과시켜서 가방을 조이는 끈을 만들어주세요. 가방을 인형의 허리에 묶고, 뒤쪽에서 끈으로 리본 매듭을 만들어주세요(사진 13-14).

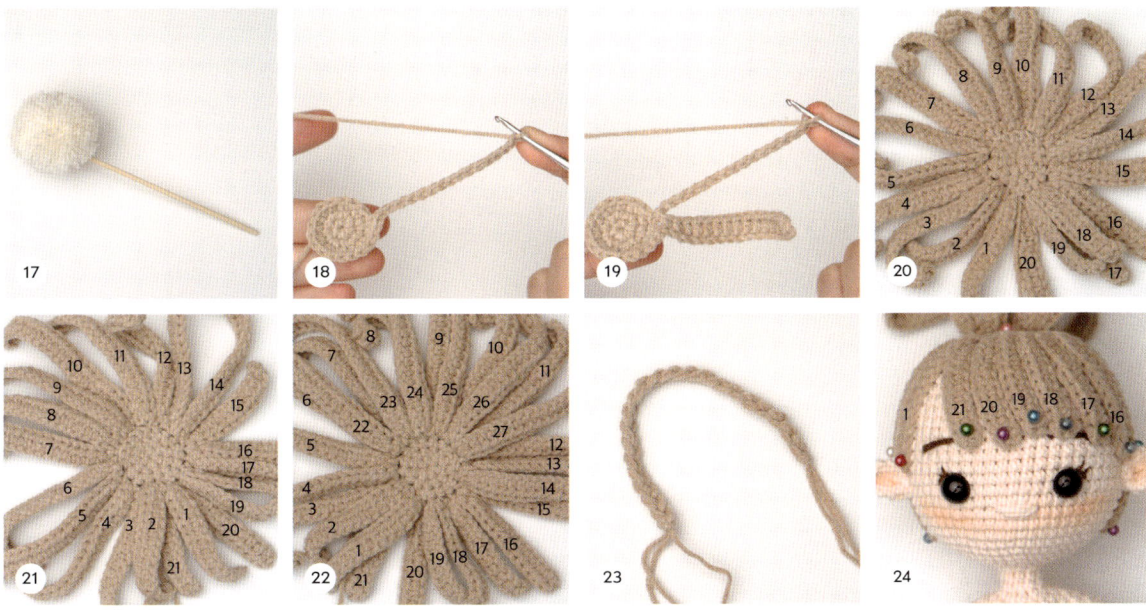

헤어 리본(연파란색 실로 떠주세요)

사슬뜨기로 37코 떠주세요. 단뜨기로 뜹니다.

1단 코바늘에서 2번째 사슬코에서 시작, 다음 36코에 긴뜨기, 사슬뜨기 1, 편물 돌리기 [36]

2단 36코 모두 뒤 반 코에만 긴뜨기 [36]

실을 정리하고, 실 꼬리를 길게 남겨주세요. 양 끝을 함께 꿰매고, 실 끝으로 중앙을 감아서 리본을 만들어주세요(사진 15 - 16).

지팡이

흰색 실로 3cm 폼폼을 만들어서 막대 위에 묶어주세요(사진 17). 팔 부분의 한 코에 지팡이를 통과시켜주세요.

머리카락(베이지색 실, 코바늘 사이즈 2.75mm로 떠주세요)

원형 1단 매직링에 짧은뜨기 6으로 시작 [6]

원형 2단 6코 모두 코늘리기 [12]

원형 3단 (다음 코에 짧은뜨기, 다음 코에 코늘리기) 6번 반복 [18]

계속해서 머리 가닥을 떠주세요.

머리 가닥 1-2 사슬뜨기 15(머리 가닥 1은 사진 18, 머리 가닥 2는 사진 19), 코바늘에서 2번째 사슬코에서 시작, 시작 사슬코에 짧은뜨기, 다음 12사슬코에 긴뜨기, 다음 사슬코에 짧은뜨기, 원형 3단의 첫 번째 뒤 반 코에 빼뜨기 [14] / 머리 가닥 1과 2의 끝은 같은 코에 빼뜨기 해주세요.

머리 가닥 3-5 사슬뜨기 22, 코바늘에서 3번째 사슬코에서 시작, 다음 19사슬코에 긴뜨기, 다음 사슬코에 짧은뜨기, 원형 3단의 다음 뒤 반 코에 빼뜨기 [20]

머리 가닥 6-11 사슬뜨기 22, 코바늘에서 3번째 사슬코에서 시작, 다음 19사슬코에 긴뜨기, 다음 사슬코에 짧은뜨기, 원형 3단의 다음 앞 반 코에 빼뜨기 [20]

머리 가닥 12-14 사슬뜨기 22, 코바늘에서 3번째 사슬코에서 시작, 다음 19사슬코에 긴뜨기, 다음 사슬코에 짧은뜨기, 원형 3단의 다음 뒤 반 코에 빼뜨기 [20]

머리 가닥 15-16 사슬뜨기 15, 코바늘에서 2번째 사슬코에서 시작, 다음 사슬코에 짧은뜨기, 다음 12사슬코에 긴뜨기, 다음 사슬코에 짧은뜨기, 원형 3단의 14번째 뒤 반 코에 빼뜨기 [14] 머리 가닥 15과 16의 끝은 같은 코에 빼뜨기 해주세요.

머리 가닥 17-20 사슬뜨기 14, 코바늘에서 3번째 사슬코에서 시작, 다음 11사슬코에 긴뜨기, 다음 사슬코에 짧은뜨기, 원형 3단의 다음 뒤 반 코에 빼뜨기 [12]

머리 가닥 21 사슬뜨기 14, 코바늘에서 3번째 사슬코에서 시작, 다음 11사슬코에 긴뜨기, 다음 사슬코에 짧은뜨기, 원형 3단의 첫 번째 앞 반 코에 빼뜨기 [12]

실을 정리하고 실 끝을 머리카락의 오른쪽에 꿰어서 숨겨주세요. 계속해서 머리 가닥 22-27을 떠주세요. 원형 3단의 5번째 코에서 베이지색 실의 고리를 당겨 올려주세요.

머리 가닥 22-27 사슬뜨기 24, 코바늘에서 3번째 사슬코에서 시작, 다음 22사슬코에 긴뜨기, 원형 3단의 다음 코에 빼뜨기 [22]

실을 정리하고 실 끝을 꿰어서 숨겨주세요(사진 20 - 22).

- 머리 가닥 22-27을 세 부분으로 나누고 땋아서 말아 올려주세요 (사진 28-29).
- 땋은 머리띠의 한쪽 실 끝을 돗바늘에 꿰고 머리 한쪽에 연결해주세요(사진 30). 머리의 반대쪽에도 반복해줍니다. 실 꼬리를 함께 묶고, 실 끝을 꿰어서 숨겨주세요.
- 땋아서 말아 올린 머리에 헤어 리본을 묶어주세요.

땋은 머리띠 (베이지색 실로 떠주세요)

실 3가닥을 동시에 떠주세요. 사슬뜨기 22코를 뜨고 실을 정리해주세요(사진 23).

조립하기

- 32페이지에 나와 있는 크리스마스트리 요정의 조립하기 부분을 반복하여 치아 요정의 몸통을 만들어주세요.
- 머리카락을 꿰매어주세요.
  - 머리카락 가닥들의 위치를 정할 때 주의해야 할 점은 반드시 머리카락의 안쪽 면이 바깥을 향해야 한다는 거예요. 머리 가닥을 하나씩 배치하고 핀으로 꽂아주세요. 각각의 가닥을 꿰매거나 접착제로 붙여주세요(핀이 꽂혀 있는 곳까지 붙이고 각 가닥의 끝은 붙이지 않습니다). 접착제를 사용하는 경우 마를 때까지 핀을 다시 꽂아두세요.
  - 머리카락의 원형 1단을 머리의 중앙에 핀으로 꽂아주세요.
  - 머리 가닥 17-21은 앞머리가 될 거예요(사진 24).
  - 머리 가닥 2는 오른쪽 귀 위에, 머리 가닥 15는 왼쪽 귀 위에 둡니다. 머리 가닥 3-14는 머리 뒤쪽에 핀으로 꽂아주세요. 머리 가닥 1은 오른쪽 귀의 앞에, 머리 가닥 16은 왼쪽 귀의 앞에 두세요(사진 25-27).

생일을 축하해요!

생일을 축하하는 강아지예요. 아이랄리 디자인의 디자인입니다.

와아, 생일을 축하합니다! 딸기와 초콜릿으로 만든 3단 케이크로 여러분의 특별한 날을 기념합시다. 그런데 이건 뭐죠? 특별한 손님이 온 것 같아요. 여러분의 생일을 축하하는 강아지가 케이크 안에 숨어 있었어요! 짠 하고 나타나서 생일을 축하하기 위해 준비하고 있었답니다!

난이도: ★
사이즈: 기재된 실로 만들 경우
강아지 7cm, 케이크 7.5cm

아미구루미 갤러리: 사진을 공유하고 아이디어를 얻기 위해 QR코드를 스캔하거나 www.amigurumi.com/3604에 방문해주세요.

준비해주세요

병태사
- ● 갈색
- ○ 흰색
- ● 연분홍색
- ● 분홍색
- ● 자홍색
- 크림색(남은 실)
- ● 빨간색(남은 실)
- ● 초록색(남은 실)
- ● 노란색(남은 실)
- ● 진갈색(남은 실)

코바늘 사이즈 2.5mm
나사형 단추눈(8mm)
검은색과 흰색 자수실
돗바늘
핀
단수링
얇은 보드지(지름 약 8cm)
두꺼운 종이(약 7×30cm)
줄자
인조 섬유 솜

주의 강아지는 케이크 속에 완전히 들어가지 않기 때문에 강아지를 생략하는 경우 구멍이 없는 케이크 윗부분만 뜨면 됩니다.

[강아지]

머리와 몸통(갈색 실로 떠주세요)

원형 1단 매직링에 짧은뜨기 6으로 시작 [6]
원형 2단 6코 모두 코늘리기 [12]
원형 3단 (다음 코에 코늘리기, 다음 코에 짧은뜨기) 6번 반복 [18]
원형 4단 (다음 코에 코늘리기, 다음 2코에 짧은뜨기) 6번 반복 [24]
원형 5단 (다음 코에 코늘리기, 다음 3코에 짧은뜨기) 6번 반복 [30]
원형 6-10단 30코 모두 짧은뜨기 [30]
원형 11단 (코줄이기, 다음 코에 짧은뜨기) 10번 반복 [20]
원형 12단 (코줄이기, 다음 2코에 짧은뜨기) 5번 반복 [15]
원형 8단과 9단 사이에 8코 간격으로 나사형 단추눈을 넣어주세요.
원형 13단 15코 모두 짧은뜨기 [15]
원형 14단 (다음 코에 코늘리기, 다음 4코에 짧은뜨기) 3번 반복 [18]
원형 15단 (다음 코에 코늘리기, 다음 5코에 짧은뜨기) 3번 반복 [21]
원형 16-21단 21코 모두 짧은뜨기 [21]
원형 22단 (코줄이기, 다음 코에 짧은뜨기) 7번 반복 [14]
머리와 몸통에 솜을 넣어주세요.
원형 23단 코줄이기 7번 [7]
실을 정리하고 실 끝을 꿰어서 숨겨주세요.

주둥이(갈색 실로 떠주세요)

원형 1단 매직링에 짧은뜨기 6으로 시작[6]
원형 2단 6코 모두 코늘리기 [12]
원형 3단 (다음 3코에 코늘리기, 다음 3코에 짧은뜨기) 2번 반복 [18]
원형 4단 18코 모두 짧은뜨기 [18]

실을 정리하고, 꿰맬 수 있도록 실 꼬리를 길게 남겨주세요. 원형 3단과 4단의 위 코늘리기 코들 사이에(코늘리기 코들이 양옆에 있어야 해요) 검은색 자수실로 코를 수놓아주세요. 코 밑에도 세로로 짧게 선을 만들어주세요.

생일을 축하해요! 41

혓바닥(빨간색 실로 떠주세요)

사슬뜨기로 3코 떠주세요. 단뜨기로 뜹니다.

1단 코바늘에서 2번째 사슬코에서 시작, 시작 사슬코에 짧은뜨기, 다음 코에 긴뜨기 [2]

실을 정리하고, 꿰맬 수 있도록 실 꼬리를 길게 남겨주세요. 혓바닥을 주둥이의 검은색 세로선 바로 아래 꿰매어주세요(사진 1). 주둥이를 머리의 눈 사이에 꿰매어주세요(사진 2). 완전히 다 꿰매기 전에 솜을 조금 넣어주세요.

귀(2개 만들기, 갈색 실로 떠주세요)

사슬뜨기로 5코 떠주세요. 기초 사슬코의 양쪽을 돌아가며 뜹니다.

원형 1단 코바늘에서 두 번째 사슬코에서 시작, 다음 3코에 짧은뜨기, 다음 코에 짧은뜨기 3. 기초 사슬코의 나머지 한쪽에 계속 뜨기, 다음 3코에 짧은뜨기, 사슬뜨기 1, 편물 돌리기 [9]

원형 2단 다음 4코에 짧은뜨기, 다음 코에 짧은뜨기 3, 다음 4코에 짧은뜨기 [11]

실을 정리하고, 꿰맬 수 있도록 실 꼬리를 길게 남겨주세요. 양쪽 귀를 머리의 원형 4단과 6단 사이에 꿰매어주세요(사진 3).

팔(2개 만들기, 갈색 실로 떠주세요)

원형 1단 매직링에 짧은뜨기 7으로 시작 [7]

원형 2-7단 7코 모두 짧은뜨기 [7]

실을 정리하고, 꿰맬 수 있도록 실 꼬리를 길게 남겨주세요. 팔에는 솜을 넣지 않아도 돼요. 몸통의 원형 15단과 16단 위에 팔이 위를 향하도록 꿰매어주세요(사진 4).

다리(2개 만들기, 갈색 실로 떠주세요)

원형 1단 매직링에 짧은뜨기 6으로 시작 [6]

원형 2단 6코 모두 코늘리기 [12]

원형 3단 12코 모두 짧은뜨기 [12]

원형 4단 다음 2코에 각각 짧은뜨기 3 [6] (사진 5) / 남은 코들은 뜨지 않고 둡니다.

원형 4단의 남은 코들은 건너뛰고 계속해서 첫 번째 코에 떠주세요. 발을 만들어줄 거예요(사진 6).

원형 5-6단 6코 모두 짧은뜨기 [6]

실을 정리하고, 꿰맬 수 있도록 실 꼬리를 길게 남겨주세요. 다리에는 솜을 넣지 않아도 돼요. 돗바늘로 남은 코들의 앞 반 코에 실 꼬리를 꿰어준 다음 바짝 당겨서 조여주세요(사진 7). 다리를 각각 몸통의 양쪽에 꿰매어주세요. 발이 앞을 향하도록 원형 3단의 남은 코들을 모두 꿰매어주세요(사진 8).

꼬리(갈색 실로 떠주세요)

사슬뜨기로 6코 떠주세요. 단뜨기로 뜹니다.

1단 코바늘에서 2번째 사슬코에서 시작, 다음 2코에 빼뜨기, 다음 3코에 짧은뜨기 [5]

실을 정리하고, 꿰맬 수 있도록 실 꼬리를 남겨주세요. 꼬리를 몸통의 뒤쪽에 꿰매어주세요(사진 9).

파티 모자 (초록색 실로 시작)

단마다 초록색 실과 노란색 실을 번갈아가며 실 색깔을 교체해주세요.

원형 1단 매직링에 짧은뜨기 6으로 시작 [6]
원형 2단 다음 코에 코늘리기, 다음 5코에 짧은뜨기 [7]
원형 3단 다음 코에 코늘리기, 다음 6코에 짧은뜨기 [8]
원형 4단 다음 코에 코늘리기, 다음 7코에 짧은뜨기 [9]
원형 5단 다음 코에 코늘리기, 다음 8코에 짧은뜨기 [10]
원형 6단 다음 코에 코늘리기, 다음 9코에 짧은뜨기 [11]
원형 7단 다음 코에 코늘리기, 다음 10코에 짧은뜨기 [12]

실을 정리하고, 꿰맬 수 있도록 실 꼬리를 길게 남겨주세요.

폼폼 (분홍색 실로 떠주세요)

사슬뜨기로 3코 떠주세요. 단뜨기로 뜹니다.

1단 코바늘에서 3번째 사슬코에서 시작, 시작 사슬코에 한길긴뜨기 3코 구슬뜨기 [구슬 1개] (사진 10)

실을 정리하고 실의 시작 부분과 끝부분을 묶어서 작은 폼폼을 만들어주세요 (사진 11). 꿰맬 수 있도록 실 꼬리를 남겨주세요. 폼폼을 모자의 끝부분에 꿰매어주세요 (사진 12). 모자를 머리 위에 꿰매어주세요. 완전히 다 꿰매기 전에 솜을 조금 넣어주세요.

케이크 (자홍색 실로 시작)

바닥부터 시작합니다. 케이크의 중앙에는 강아지가 들어갈 수 있는 구멍이 있어요.

원형 1단 매직링에 짧은뜨기 6으로 시작 [6]
원형 2단 6코 모두 코늘리기 [12]
원형 3단 (다음 코에 코늘리기, 다음 코에 짧은뜨기) 6번 반복 [18]
원형 4단 (다음 코에 코늘리기, 다음 2코에 짧은뜨기) 6번 반복 [24]
원형 5단 (다음 코에 코늘리기, 다음 3코에 짧은뜨기) 6번 반복 [30]
원형 6단 (다음 코에 코늘리기, 다음 4코에 짧은뜨기) 6번 반복 [36]
원형 7단 (다음 코에 코늘리기, 다음 5코에 짧은뜨기) 6번 반복 [42]
원형 8단 (다음 코에 코늘리기, 다음 6코에 짧은뜨기) 6번 반복 [48]
원형 9단 (다음 코에 코늘리기, 다음 7코에 짧은뜨기) 6번 반복 [54]
원형 10단 (다음 코에 코늘리기, 다음 8코에 짧은뜨기) 6번 반복 [60]

보드지를 원형 10단의 지름보다 조금 작은 크기의 원으로 잘라주세요 (사진 13).

원형 11단 60코 모두 앞 반 코에만 짧은뜨기 [60]

보드지가 이전 단의 뒤 반 코들 안쪽으로 들어갈 수 있는지 크기를 꼭 확인해주세요 (사진 14). 보드지를 빼고 계속해서 케이크를 만들어주세요.

원형 12-16단 60코 모두 짧은뜨기 [60]

크림색 실로 교체해주세요.

원형 17단   60코 모두 짧은뜨기 [60]

분홍색 실로 교체해주세요.

원형 18 - 22단   60코 모두 짧은뜨기 [60]

크림색 실로 교체해주세요.

원형 23단   60코 모두 짧은뜨기 [60]

연분홍색 실로 교체해주세요.

원형 24 - 28단   60코 모두 짧은뜨기 [60] (사진 15)

원형 29단   뒤 반 코에만(다음 8코에 짧은뜨기, 코줄이기) 6번 반복 [54]

원형 30단   (다음 7코에 짧은뜨기, 코줄이기) 6번 반복 [48]

원형 31단   (다음 6코에 짧은뜨기, 코줄이기) 6번 반복 [42]

원형 32단   (다음 5코에 짧은뜨기, 코줄이기) 6번 반복 [36]

줄자로 원형 12단에서 28단까지의 케이크 높이와 둘레를 확인해주세요. 높이는 케이크와 동일하고 너비는 케이크의 둘레보다 약간 더 큰 직사각형으로 두꺼운 종이를 잘라주세요(사진 16). 직사각형의 종이를 말아서 케이크의 안쪽에 넣고(사진 17-18), 케이크의 안쪽 면에 닿을 때까지 종이를 펼쳐주세요(사진 19).

계속해서 케이크의 "안쪽"을 떠주세요. 이 부분은 강아지를 위한 구멍이 될 거예요. 계속해서 위쪽으로(튜브 모양으로) 뜬 다음 이 부분을 케이크의 안쪽으로 끝까지 밀어 넣어주세요.

원형 33단   36코 모두 앞 반 코에만 짧은뜨기 [36]

원형 34 - 36단   36코 모두 짧은뜨기 [36]

케이크에 솜을 넣어주세요. 케이크의 중간 부분(나중에 강아지가 들어갈 곳)은 솜을 넣지 않아도 돼요(사진 20). 크림색 실로 교체해주세요.

원형 37단   36코 모두 짧은뜨기 [36]

분홍색 실로 교체해주세요.

원형 38 - 41단   36코 모두 짧은뜨기 [36]

크림색 실로 교체해주세요.

원형 42단   36코 모두 짧은뜨기 [36]

자홍색 실로 교체해주세요.

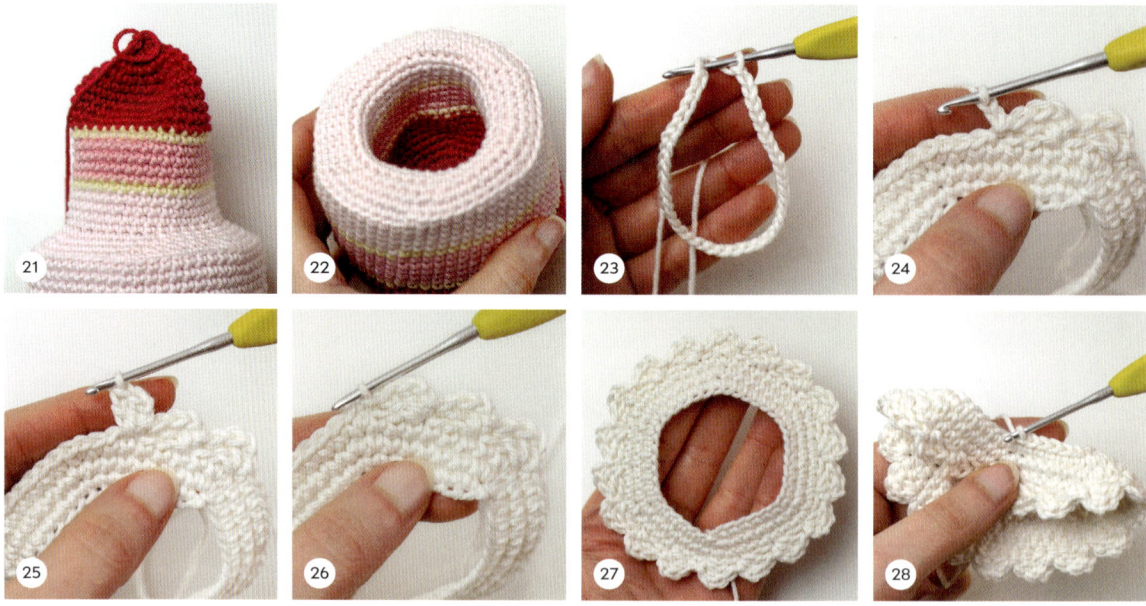

원형 43-47단	36코 모두 짧은뜨기 [36]
원형 48단	(다음 4코에 짧은뜨기, 코줄이기) 6번 반복 [30]
원형 49단	(다음 3코에 짧은뜨기, 코줄이기) 6번 반복 [24]
원형 50단	(다음 2코에 짧은뜨기, 코줄이기) 6번 반복 [18]
원형 51단	(다음 코에 짧은뜨기, 코줄이기) 6번 반복 [12]

원형 52단	코줄이기 6번 [6]

실을 정리하고 실 끝을 꿰어서 숨겨주세요(사진 21). 원형 34단에서 52단을 케이크 안쪽으로 밀어 넣어주세요(사진 22).

구멍이 있는 케이크 윗부분(흰색 실로 떠주세요)

사슬뜨기로 42코를 뜨고 빼뜨기로 연결하여 원을 만들어주세요(사진 23). 사슬코가 꼬이지 않도록 주의해주세요.

원형 1단	42코 모두 짧은뜨기 [42]
원형 2단	(다음 코에 코늘리기, 다음 6코에 짧은뜨기) 6번 반복 [48]
원형 3단	(다음 코에 코늘리기, 다음 7코에 짧은뜨기) 6번 반복 [54]
원형 4단	(다음 코에 빼뜨기+사슬뜨기 2+다음 코에 한길긴뜨기 2, 2코 건너뛰기) 18번 반복 [물결무늬 18개] (사진 24-26)

실을 정리하고 실 끝을 꿰어서 숨겨주세요(사진 27). 시작 사슬코의 한 지점에서 흰색 실 고리를 당겨 올리고 돌아가며 빼뜨기하여 가장자리를 깔끔하게 만들어주세요(사진 28).

구멍이 없는 케이크 윗부분(흰색 실로 떠주세요)

원형 1단	매직링에 짧은뜨기 6으로 시작 [6]
원형 2단	6코 모두 코늘리기 [12]
원형 3단	(다음 코에 코늘리기, 다음 코에 짧은뜨기) 6번 반복 [18]
원형 4단	(다음 코에 코늘리기, 다음 2코에 짧은뜨기) 6번 반복 [24]
원형 5단	(다음 코에 코늘리기, 다음 3코에 짧은뜨기) 6번 반복 [30]
원형 6단	(다음 코에 코늘리기, 다음 4코에 짧은뜨기) 6번 반복 [36]
원형 7단	(다음 코에 코늘리기, 다음 5코에 짧은뜨기) 6번 반복 [42]

원형 8단   (다음 코에 코늘리기, 다음 6코에 짧은뜨기) 6번 반복 [48]
원형 9단   (다음 코에 코늘리기, 다음 7코에 짧은뜨기) 6번 반복 [54]
원형 10단 (다음 코에 빼뜨기+사슬뜨기 2+다음 코에 한길긴뜨기 2, 2코 건너뛰기) 18번 반복 [물결무늬 18개]
실을 정리하고 실 끝을 꿰어서 숨겨주세요.

딸기(6개 만들기, 자홍색 실로 떠주세요)

원형 1단   매직링에 짧은뜨기 5로 시작 [5]
원형 2단   다음 코에 코늘리기, 다음 4코에 짧은뜨기 [6]
원형 3단   다음 코에 코늘리기, 다음 5코에 짧은뜨기 [7]
원형 4단   다음 코에 코늘리기, 다음 6코에 짧은뜨기 [8]
딸기에 솜을 넣어주세요.
원형 5단   코줄이기 4번 [4]
실을 정리하고, 실 꼬리를 남겨주세요. 돗바늘로 남은 코들의 앞 반 코에 실 꼬리를 꿰어준 다음 바짝 당겨서 조여주세요. 실 끝을 꿰어 숨겨주세요. 초록색 실로 딸기 위쪽에 작은 잎들을 수놓아주세요. 원형 5단의 중앙에서부터 직선 스티치나 레이지 데이지 스티치를 만들어주세요. 잎들을 수놓은 다음, 잎들 사이의 중앙에 돗바늘을 넣고 빼기를 반복하여 딸기 꼭지를 만들어주세요. 딸기 가까이에 매듭을 짓고 실 꼬리를 잘라주세요.

초콜릿 장식(6개 만들기, 진갈색 실로 떠주세요)

원형 1단   매직링에 사슬뜨기 2+긴뜨기 7로 시작 [7]
다음 코에 빼뜨기를 해주세요. 실을 정리하고 실 끝을 꿰어서 숨겨주세요.

조립하기

딸기와 초콜릿 장식을 케이크 윗부분에 흰색 자수실로 꿰매어주세요.

금혼식을 기념하며!

마미와 파피예요. 쿡 케이의 디자인입니다.

마미와 파피의 금혼식을 축하합니다! 50년 전 오늘, 마미와 파피는 멋진 모험을 함께 시작했어요. 그들이 오랜 시간 행복한 결혼생활을 유지하는 비결은 무엇일까요? 마미는 매일 서로 껴안는 것이 비결이라고 대답했고, 파피는 전적으로 동의했어요. 그들의 사랑이 영원히 굳건하기를 바라요!

난이도: ★★
사이즈: 기재된 실로 만들 경우 높이 16cm

아미구루미 갤러리: 사진을 공유하고 아이디어를 얻기 위해 QR코드를 스캔하거나 www.amigurumi.com/3605에 방문해주세요.

마미를 만들기 위해 준비해주세요

합태사
- 피부색
- 갈색
- 흰색
- 회색
- 진갈색(남은 실)

코바늘 사이즈 2.25mm
나사형 단추눈(6mm)
돗바늘
철사
핀
테이프
인조 섬유 솜
선택 사항: 핑크색 블러셔

[마미]

머리(피부색 실로 떠주세요)

원형 1단 매직링에 짧은뜨기 8로 시작 [8]
원형 2단 8코 모두 코늘리기 [16]
원형 3단 (다음 코에 짧은뜨기, 다음 코에 코늘리기) 8번 반복 [24]
원형 4단 (다음 2코에 짧은뜨기, 다음 코에 코늘리기) 8번 반복 [32]
원형 5단 (다음 3코에 짧은뜨기, 다음 코에 코늘리기) 8번 반복 [40]
원형 6단 (다음 4코에 짧은뜨기, 다음 코에 코늘리기) 8번 반복 [48]
원형 7-10단 48코 모두 짧은뜨기 [48]
원형 11단 (다음 7코에 짧은뜨기, 다음 코에 코늘리기) 6번 반복 [54]
원형 12-15단 54코 모두 짧은뜨기 [54]
원형 16단 (다음 8코에 짧은뜨기, 다음 코에 코늘리기) 6번 반복 [60]
원형 17단 60코 모두 짧은뜨기 [60]
원형 18단 (다음 9코에 짧은뜨기, 다음 코에 코늘리기) 6번 반복 [66]
원형 19단 다음 4코에 짧은뜨기, 코줄이기, (다음 9코에 짧은뜨기, 코줄이기) 5번 반복, 다음 5코에 짧은뜨기 [60]
원형 20단 (다음 8코에 짧은뜨기, 코줄이기) 6번 반복 [54]
원형 21단 다음 3코에 짧은뜨기, 코줄이기, (다음 7코에 짧은뜨기, 코줄이기) 5번 반복, 다음 4코에 짧은뜨기 [48]

원형 14단과 15단 사이에 8코 간격으로 나사형 단추눈을 넣어주세요.
머리에 솜을 꼼꼼히 채워 주고, 계속 뜨면서 솜을 넣어주세요.

원형 22단 (다음 6코에 짧은뜨기, 코줄이기) 6번 반복 [42]
원형 23단 (다음 4코에 짧은뜨기, 코줄이기) 7번 반복 [35]
원형 24단 (다음 3코에 짧은뜨기, 코줄이기) 7번 반복 [28]

실을 정리하고, 꿰맬 수 있도록 실 꼬리를 남겨주세요.

귀(2개 만들기, 피부색 실로 떠주세요)

원형 1단 매직링에 사슬뜨기 1+긴뜨기 4+짧은뜨기 1로 시작. 매직링을 바짝 당겨서 조여주세요.

실을 정리하고, 꿰맬 수 있도록 실 꼬리를 길게 남겨주세요.

머리카락(회색 실로 떠주세요)

원형 1단 매직링에 짧은뜨기 8로 시작 [8]
원형 2단 8코 모두 코늘리기 [16]
원형 3단 (다음 코에 짧은뜨기, 다음 코에 코늘리기) 8번 반복 [24]

계속해서 머리카락의 첫 번째 층을 떠주세요.

원형 4단 뒤 반 코에만(다음 코에 빼뜨기, 사슬뜨기 17, 코바늘에서 3번째 사슬코에서 시작, 다음 15사슬코에 긴뜨기, 1코 건너뛰기) 12번 반복 [12 가닥] (사진 1 - 2)

계속해서 머리카락의 두 번째 층을 떠주세요. 원형 3단의 남은 앞 반 코들에 떠주세요.

원형 5단 앞 반 코에만(**다음 코에 빼뜨기, 사슬뜨기 17, 코바늘에서 3번째 사슬코에서 시작, 다음 15사슬코에 긴뜨기, 1코 건너뛰기**) 12번 반복, 다음 코에 빼뜨기 [12 가닥] (사진 3-4)

머리 마무리하기

- 피부색 실로 원형 15단 눈과 눈 사이에 2코 크기 코를 수놓아주세요.
- 피부색 실로 양쪽 눈 위에 눈꺼풀을 수놓아주세요.
- 회색 실로 원형 12단에 2코 크기의 눈썹을 양쪽에 수놓아주세요.
- 귀를 머리의 양옆, 원형 14단과 16단 사이, 양쪽 눈에서 5코 떨어진 지점에 꿰매어주세요(사진 5).
- 머리카락의 안쪽 면이 바깥을 향하도록 머리에 올려주세요(사진 6). 먼저 핀으로 머리 가닥의 위치를 정한 다음 꿰매어주세요. 앞쪽의 5가닥은 꿰매지 않습니다(사진 7-8).
- 핑크색 블러셔를 볼에 발라주세요.

팔(2개 만들기, 피부색 실로 시작)

원형 1단 매직링에 짧은뜨기 8로 시작 [8]
원형 2단 (다음 코에 코늘리기, 다음 3코에 짧은뜨기) 2번 반복 [10]
원형 3-4단 10코 모두 짧은뜨기 [10]
갈색 실로 교체해주세요.
원형 5단 뒤 반 코에만(**다음 코에 코늘리기, 다음 코에 짧은뜨기**) 5번 반복 [15]
원형 6-10단 15코 모두 짧은뜨기 [15]
원형 11단 코줄이기, 다음 13코에 짧은뜨기 [14]

팔을 납작하게 만들고 다음 단에서 두 겹을 함께 떠서 막아주세요(사진 9).
원형 12단 7코 모두 짧은뜨기 [7]
실을 정리하고, 꿰맬 수 있도록 실 꼬리를 길게 남겨주세요.

다리(2개 만들기, 진갈색 실로 시작)

원형 1단 매직링에 짧은뜨기 7로 시작 [7]
원형 2단 7코 모두 코늘리기 [14]
원형 3-4단 14코 모두 짧은뜨기 [14]
흰색 실로 교체해주세요.
원형 5단 14코 모두 뒤 반 코에만 짧은뜨기 [14]
피부색 실로 교체해주세요.
원형 6단 이번 단은 뒤 반 코에만 뜨기, 다음 7코에 짧은뜨기, 다음 코에 코늘리기, 다음 6코에 짧은뜨기 [15]
원형 7-8단 15코 모두 짧은뜨기 [15]
원형 9단 다음 7코에 짧은뜨기, 다음 코에 코늘리기, 다음 7코에 짧은뜨기 [16]
원형 10단 16코 모두 짧은뜨기 [16]

첫 번째 다리의 실을 정리해주세요. 원형 10단의 마지막 코의 옆 코를 표시해주세요. 두 번째 다리는 갈색 실로 교체하고 실은 정리하지 않습니다. 다음 단에서 양쪽 다리를 연결하여 몸통을 만들어줄 거예요.

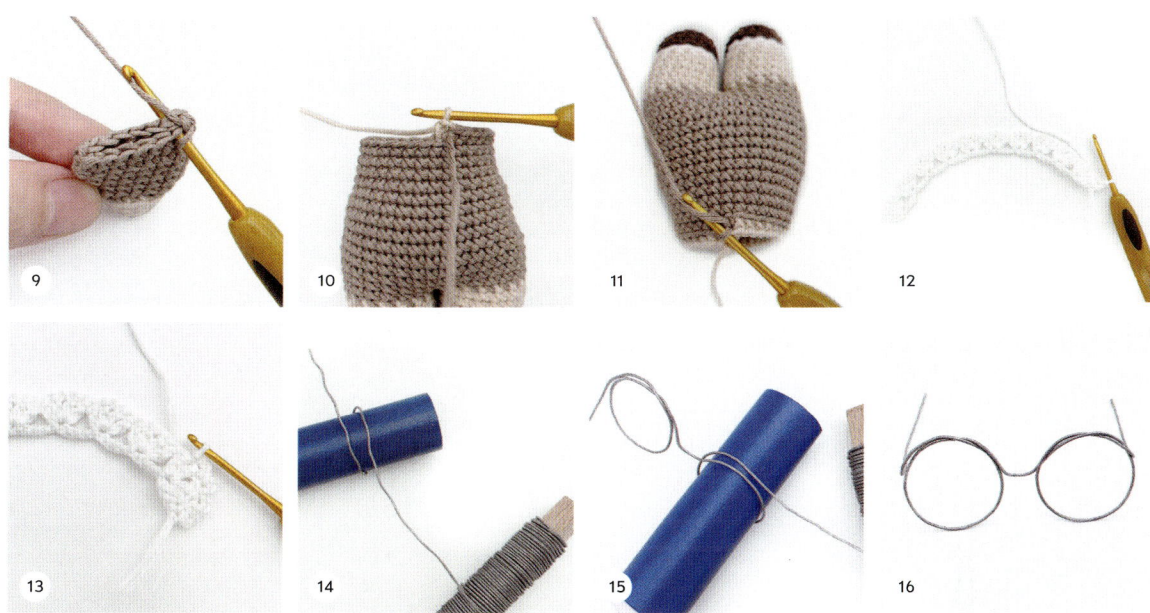

몸통 (갈색 실로 시작)

원형 1단 사슬뜨기 1, 첫 번째 다리의 표시해 둔 코에 짧은뜨기, 첫 번째 다리의 다음 15코에 짧은뜨기, 다음 사슬코에 짧은뜨기, 두 번째 다리의 다음 16코에 짧은뜨기, 사슬코의 나머지 한쪽에 짧은뜨기 [34]

원형 2-5단 34코 모두 짧은뜨기 [34]

양쪽 다리와 몸통에 솜을 꼼꼼히 넣고 계속해서 뜨면서 솜을 넣어주세요.

원형 6단 다음 8코에 짧은뜨기, 코줄이기, 다음 15코에 짧은뜨기, 코줄이기, 다음 7코에 짧은뜨기 [32]

원형 7-10단 32코 모두 짧은뜨기 [32]

원형 11단 다음 7코에 짧은뜨기, 코줄이기, 다음 14코에 짧은뜨기, 코줄이기, 다음 7코에 짧은뜨기 [30]

원형 12-15단 30코 모두 짧은뜨기 [30]

피부색 실로 교체해주세요. 갈색 실은 정리하지 않고 편물의 바깥쪽에 두세요. 나중에 드레스를 떠줄 때 사용할 거예요 (사진 10).

원형 16단 이 단에서는 뒤 반 코에만 뜨기, 다음 7코에 짧은뜨기, 코줄이기, 다음 13코에 짧은뜨기, 코줄이기, 다음 6코에 짧은뜨기 [28]

실을 정리하고, 꿰맬 수 있도록 실 꼬리를 길게 남겨주세요.

드레스 (갈색 실로 떠주세요)

다리가 달린 몸통이 여러분의 반대쪽을 향하도록 두세요. 아까 남겨두었던 갈색 실로 원형 16단의 남은 앞 반 코들 중 첫 번째 앞 반 코에서 시작해주세요 (사진 11).

원형 1단 앞 반 코에만 (다음 4코에 짧은뜨기, 다음 코에 코늘리기) 6번 반복 [36]

원형 2단 36코 모두 뒤 반 코에만 짧은뜨기 [36]

원형 3-5단 36코 모두 짧은뜨기 [36]

원형 6단 (다음 5코에 짧은뜨기, 다음 코에 코늘리기) 6번 반복 [42]

원형 7-9단 42코 모두 짧은뜨기 [42]

원형 10단 (다음 6코에 짧은뜨기, 다음 코에 코늘리기) 6번 반복 [48]

원형 11-15단 48코 모두 짧은뜨기 [48]

원형 16단 (3코 건너뛰기, 다음 코에 긴뜨기 3) 12번 반복, 첫 번째 긴뜨기코에 빼뜨기 [36]

실을 정리하고 실 끝을 꿰어서 숨겨주세요.

스카프 (흰색 실로 떠주세요)

사슬뜨기로 54코 떠주세요. 단뜨기로 뜹니다.

1단 코바늘에서 5번째 사슬코에서 시작, 시작 사슬코에 한길긴뜨기 +사슬뜨기 1+한길긴뜨기 2, (4코 건너뛰기, 다음 사슬코에 한길긴뜨기 2+사슬뜨기 1+한길긴뜨기 2) 8번 반복, 4사슬코 건너뛰기, 다음 사슬코에 한길긴뜨기 2+사슬뜨기 1+한길긴뜨기 1, 4사슬코 건너뛰기, 마지막 사슬코에 빼뜨기, 편물 돌리기 (사진 12)

2단 (사슬뜨기 3, 다음 코에 빼뜨기) 4번 반복 (사진 13), 2코 건너뛰기, (다음 사슬코 구멍에 한길긴뜨기 2+사슬뜨기 1+한길긴뜨기 2, 4코 건너뛰기) 7번 반복, 다음 사슬코 구멍에 한길긴뜨기 2+사슬뜨기 1+한길긴뜨기 2, 2코 건너뛰기, 다음 코에 빼뜨기, (사슬뜨기 3, 다음 코에 빼뜨기) 4번 반복

실을 정리하고, 꿰맬 수 있도록 실 꼬리를 길게 남겨주세요.

조립하기

- 두 팔을 드레스의 양쪽 원형 2-3단에 꿰매어주세요.
- 머리의 마지막 단을 몸통의 마지막 단에 꿰매어주세요. 완전히 다 꿰매기 전에 솜을 꼼꼼히 넣어주세요.
- 스카프를 목에 두르고 꿰매어주세요.
- 철사와 원통형 도구로 안경을 만들어주세요. 원통형 도구에 철사를 감아주세요(사진 14-15). 동일한 방법으로 나머지 한쪽도 만들고 철사를 잘라주세요(사진 16). 양쪽 모두 끝을 구부려서 안경다리를 만들어주세요. 맨 끝을 구부리고 안전을 위해 양쪽 끝부분에 테이프를 감아주세요. 3세 미만 어린이를 위한 선물로 만드는 경우 안경은 생략해주세요.

파피를 만들기 위해 준비해주세요:

합태사
- 피부색
- 갈색
- 진갈색
- 흰색
- 회색

코바늘 사이즈 2.55mm
나사형 단추눈(6mm)
돗바늘
핀
인조 섬유 솜
선택사항: 핑크색 블러셔

[파피]

머리 (피부색 실로 떠주세요)

원형 1-22단 마미의 머리 만들기 부분을 반복
원형 23단 다음 2코에 짧은뜨기, 코줄이기, (다음 5코에 짧은뜨기, 코줄이기) 5번 반복, 다음 3코에 짧은뜨기 [36]
원형 24단 (다음 4코에 짧은뜨기, 코줄이기) 6번 반복 [30]
실을 정리하고, 꿰맬 수 있도록 실 꼬리를 길게 남겨주세요.

귀 (2개 만들기, 피부색 실로 떠주세요)

마미의 귀 만들기 부분을 반복해주세요.

머리카락 (회색 실로 떠주세요)

사슬뜨기로 40코 떠주세요. 단뜨기로 뜹니다.
1단 코바늘에서 3번째 사슬코에서 시작, 38사슬코 모두 긴뜨기, 사슬뜨기 2, 편물 돌리기 [38]
2단 38코 모두 긴뜨기 [38]
실을 정리하고, 꿰맬 수 있도록 실 꼬리를 아주 길게 남겨주세요.

콧수염 (회색 실로 떠주세요)

사슬뜨기로 7코 떠주세요. 단뜨기로 뜹니다.
1단 코바늘에서 2번째 사슬코에서 시작, 다음 5사슬코에 긴뜨기, 다음 사슬코에 코늘리기 [7]
실을 정리하고, 꿰맬 수 있도록 실 꼬리를 길게 남겨주세요.

머리 마무리하기

- 피부색 실로 원형 14단 눈과 눈 사이에 2코 정도 크기로 코를 수놓아주세요.
- 피부색 실로 양쪽 눈 위에 눈꺼풀을 수놓아주세요.
- 회색 실로 양쪽 눈 2단 위에 눈썹을 수놓아주세요.
- 귀를 머리의 양옆, 원형 13과 15단 사이, 양쪽 눈에서 5코 떨어진 곳에 꿰매어주세요.
- 원형 16단에 콧수염을 꿰매어주세요. 코 바로 아래에요.
- 머리카락을 머리의 원형 13-15단에 핀으로 꽂고 꿰매어주세요. 머리카락이 양쪽 귀를 살짝 덮어야 해요.

팔 (2개 만들기, 피부색 실로 시작)

원형 1단 매직링에 짧은뜨기 8로 시작 [8]
원형 2단 (다음 코에 코늘리기, 다음 3코에 짧은뜨기) 2번 반복 [10]
원형 3-4단 10코 모두 짧은뜨기 [10]
흰색 실로 교체해주세요.
원형 5단 뒤 반 코에만 (다음 코에 코늘리기, 다음 코에 짧은뜨기) 5번 반복 [15]
원형 6-11단 15코 모두 짧은뜨기 [15]
진갈색 실로 교체해주세요.
원형 12단 15코 모두 뒤 반 코에만 짧은뜨기 [15]
팔을 납작하게 만들고, 다음 단에서 두 겹을 함께 떠서 막아주세요.
원형 13단 7코 모두 짧은뜨기 [7]
실을 정리하고, 꿰맬 수 있도록 실 꼬리를 길게 남겨주세요. 손이 달린 팔을 여러분의 반대쪽을 향하도록 두고 원형 12단의 남은 앞 반 코들에 연결해주세요. 첫 번째 앞 반 코에서 진갈색 실의 고리를 당겨 올려주세요(사진 17).
마무리 단 15코 모두 빼뜨기 [15]

실을 정리하고 실 끝을 꿰어서 숨겨주세요.

다리 (2개 만들기, 진갈색 실로 시작)

원형 1단 매직링에 짧은뜨기 8로 시작 [8]
원형 2단 8코 모두 코늘리기 [16]
원형 3단 16코 모두 짧은뜨기 [16]
갈색 실로 교체해주세요.
원형 4단 16코 모두 뒤 반 코에만 짧은뜨기 [16]
원형 5-6단 16코 모두 짧은뜨기 [16]
첫 번째 다리의 실을 정리해주세요. 원형 6단 마지막 코의 옆 코를 표시해주세요. 두 번째 다리의 실은 정리하지 않습니다. 다음 단에서 양쪽 다리를 연결하여 몸통을 만들어줄 거예요.

몸통

원형 1단 사슬뜨기 2, 첫 번째 다리의 표시해 둔 코에 짧은뜨기, 첫 번째 다리의 다음 15코에 짧은뜨기, 다음 2사슬코에 짧은뜨기, 두 번째 다리의 다음 16코에 짧은뜨기, 다음 2사슬코의 나머지 한쪽에 짧은뜨기 [36]
원형 2단 (다음 5코에 짧은뜨기, 다음 코에 코늘리기) 6번 반복 [42]
원형 3-7단 42코 모두 짧은뜨기 [42]

양쪽 다리와 몸통에 솜을 꼼꼼히 넣고 계속 뜨면서 솜을 넣어주세요. 진갈색 실로 교체해주세요.
원형 8단 42코 모두 뒤 반 코에만 짧은뜨기 [42]
원형 9-11단 42코 모두 짧은뜨기 [42]
원형 12단 다음 9코에 짧은뜨기, 코줄이기, 다음 19코에 짧은뜨기, 코줄이기, 다음 10코에 짧은뜨기 [40]
원형 13-15단 40코 모두 짧은뜨기 [40]
다음 단들은 진갈색 실과 흰색 실을 번갈아가면서 떠주세요. 색상 변경은 회색과 기울임체로 표기해두었어요.
원형 16단 (다음 8코에 짧은뜨기, 코줄이기) 2번 반복, (흰색) 다음 코에 짧은뜨기, (진갈색) 다음 7코에 짧은뜨기, 코줄이기, 다음 8코에 짧은뜨기, 코줄이기 [36]
원형 17단 다음 17코에 짧은뜨기, (흰색) 다음 3코에 짧은뜨기, (진갈색) 다음 16코에 짧은뜨기 [36]
원형 18단 다음 10코에 짧은뜨기, 코줄이기, 다음 4코에 짧은뜨기, (흰색) 다음 5코에 짧은뜨기, (진갈색) 다음 코에 짧은뜨기, 코줄이기, 다음 10코에 짧은뜨기, 코줄이기 [33]
원형 19단 다음 14코에 짧은뜨기, (흰색) 다음 7코에 짧은뜨기, (진갈색) 다음 12코에 짧은뜨기 [33]
원형 20단 코줄이기, 다음 9코에 짧은뜨기, 코줄이기, (흰색) 다음 9코에 짧은뜨기, (진갈색) 코줄이기, 다음 9코에 짧은뜨기 [30]

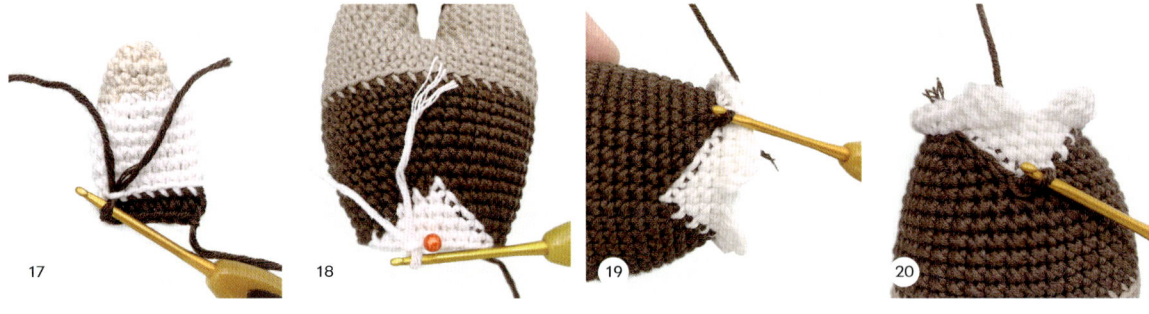

실을 정리하고, 꿰맬 수 있도록 실 꼬리를 길게 남겨주세요.

몸통 마무리하기

- 다리가 달린 몸통이 여러분의 반대쪽을 향하도록 두고 원형 20단의 남은 앞 반 코들에서 칼라를 만들어주세요. 원형 20단의 가운데 코를 표시해두고(이 코에는 뜨지 않아요), 표시해 둔 코의 옆 코에서 흰색 실의 고리를 당겨 올려주세요(사진 18). 사슬뜨기 3코, 다음 27코 앞 반 코에 한길긴뜨기, 사슬뜨기 3, 다음 앞 반 코에 빼뜨기 해주세요. 실을 정리하고 실 끝을 꿰어서 숨겨주세요.

- 스웨터를 마무리하기 위해 원형 20단의 첫 번째 흰색 코에서 진갈색 실의 고리를 당겨 올려주세요(사진 19). 몸통의 흰색 부분을 둘러가며 표면 빼뜨기를 떠주세요(사진 20). 실을 정리하고 실 끝을 꿰어서 숨겨주세요.

헌팅캡 (갈색 실로 떠주세요)

원형 1단　매직링에 긴뜨기 12로 시작 [12]
원형 2단　12코 모두 각각 긴뜨기 2 [24]
원형 3단　(다음 코에 긴뜨기, 다음 코에 긴뜨기 2) 12번 반복 [36]
원형 4단　(다음 2코에 긴뜨기, 다음 코에 긴뜨기 2) 12번 반복 [48]
원형 5단　(다음 7코에 긴뜨기, 다음 코에 긴뜨기 2) 6번 반복 [54]
원형 6단　다음 18코에 긴뜨기, (다음 2코에 긴뜨기, 다음 코에 긴뜨기 2) 6번 반복, 다음 18코에 긴뜨기 [60]
원형 7단　다음 18코에 긴뜨기, (다음 3코에 긴뜨기, 다음 코에 긴뜨기 2) 6번 반복, 다음 18코에 긴뜨기 [66]
원형 8단　다음 18코에 긴뜨기, 긴뜨기 3코 모아뜨기 15번, 다음 18코에 긴뜨기 [51]
원형 9단　다음 18코에 짧은뜨기, 계속해서 앞 반 코에만 뜨기, 다음 코에 짧은뜨기, (다음 코에 긴뜨기 2, 다음 2코에 긴뜨기) 4번 반복, 다음 코에 긴뜨기 2, 다음 코에 짧은뜨기, 계속해서 한 코 모두에 뜨기, 다음 18코에 짧은뜨기 [56]
원형 10단　다음 17코에 빼뜨기, 다음 2코에 짧은뜨기, (다음 코에 코늘리기, 다음 3코에 짧은뜨기) 4번 반복, 다음 코에 코늘리기, 다음 2코에 짧은뜨기, 다음 18코에 빼뜨기 [61]

실을 정리하고 실 끝을 꿰어서 숨겨주세요.

조립하기

- 두 팔을 몸통의 양옆 원형 18-19단에 꿰매어주세요. 칼라 바로 아래에요.
- 머리의 마지막 단을 몸통의 원형 20단 뒤 반 코들에 꿰매어주세요. 완전히 다 꿰매기 전에 솜을 꼼꼼히 넣어주세요.
- 헌팅캡을 머리에 씌워주세요.

금혼식을 기념하며! 53

졸업을 축하해요!

졸업을 맞이한 부엉이예요. 레이첼_메이크스크로셰의 디자인입니다.

졸업은 한 권의 책을 덮는 동시에 새로운 장을 여는 것과 같아요. 학사모는 하늘 높이 던져버리고, 이제 여러분의 날개를 펼치고 자신만의 길을 찾아 나설 시간이에요! 부엉이 올리비아는 아미구루미 대학교 산림보존 석사 전공으로 졸업을 하게 되었어요. 올리비아는 다른 졸업생들, 그리고 여러분들과 함께 축하할 수 있어서 기분이 매우 좋아졌답니다!

난이도: ★★
사이즈: 기재된 실로 만들 경우 높이 16cm

아미구루미 갤러리: 사진을 공유하고 아이디어를 얻기 위해 QR코드를 스캔하거나 www.Amigurumi.com/3606에 방문해주세요.

준비해주세요

병태사
- 흰색
- 연갈색
- 진갈색
- 검은색
- 노란색
- 빨간색(남은 실)
- 금색(남은 실)

코바늘 사이즈 2.75mm
나사형 단추눈(12mm)
돗바늘
단수링
검은색 자수실
인조 섬유 솜
연필
모자에 필요한 얇은 보드지나 플라스틱
선택사항: 모루끈 2개

(사진 1), (다음 2코에 짧은뜨기, 다음 코에 코늘리기) 2번 반복, 다음 2코에 짧은뜨기, 사슬뜨기 6(사진 2), 코바늘에서 3번째 사슬코에서 시작, 시작 사슬코에 한길긴뜨기, 다음 2사슬코에 긴뜨기, 다음 사슬코에 짧은뜨기, 원형 3단의 다음 코에 짧은뜨기(사진3), 다음 코에 짧은뜨기, 다음 8코에 빼뜨기, 첫 번째 코에 빼뜨기 [24]

원형 5단 오른쪽 눈 이 단에서는 원형 3단의 남은 뒤 반 코들에만 뜨기, 다음 8코에 빼뜨기, 다음 2코에 짧은뜨기, 사슬뜨기 6, 코바늘에서 3번째 사슬코에서 시작, 이 시작 사슬코에 한길긴뜨기, 다음 2사슬코에 긴뜨기, 다음 사슬코에 짧은뜨기, (다음 2코에 짧은뜨기, 다음 코에 코늘리기) 2번 반복, 다음 2코에 짧은뜨기, 첫 번째 코에 빼뜨기 [24]

실을 정리하고, 꿰맬 수 있도록 실 꼬리를 길게 남겨주세요.

부리(노란색 실로 떠주세요)

원형 1단 매직링에 짧은뜨기 3으로 시작 [3]
원형 2단 다음 2코에 짧은뜨기, 다음 코에 코늘리기 [4]
원형 3단 다음 3코에 짧은뜨기, 다음 코에 코늘리기 [5]
원형 4단 다음 4코에 짧은뜨기, 다음 코에 코늘리기 [6]

실을 정리하고, 꿰맬 수 있도록 실 꼬리를 길게 남겨주세요.

눈(2개 만들기, 흰색 실로 시작)

원형 1단 매직링에 짧은뜨기 6으로 시작 [6]
매직링을 완전히 조이도록 당기지 마세요. 조이지 않는 편이 나중에 나사형 단추눈을 넣기에 훨씬 쉬울 거예요.
원형 2단 6코 모두 코늘리기 [12]
원형 3단 (다음 코에 짧은뜨기, 다음 코에 코늘리기) 6번 반복 [18]
금색 실로 교체해주세요.
원형 4단 앞 반 코에만(다음 2코에 짧은뜨기, 다음 코에 코늘리기) 6번 반복 [24]
다음 2코 앞 반 코에만 빼뜨기 해주세요. 진갈색 실로 교체해주세요. 왼쪽 눈과 오른쪽 눈은 다르게 뜹니다.
원형 5단 왼쪽 눈 이 단에서는 원형 3단의 남은 뒤 반 코들에만 뜨기

몸통(연갈색 실로 떠주세요)

원형 1단 매직링에 짧은뜨기 6으로 시작 [6]
원형 2단 다음 6코에 코늘리기 [12]
원형 3단 (다음 코에 짧은뜨기, 다음 코에 코늘리기) 6번 반복 [18]
원형 4단 (다음 2코에 짧은뜨기, 다음 코에 코늘리기) 6번 반복 [24]
원형 5단 (다음 3코에 짧은뜨기, 다음 코에 코늘리기) 6번 반복 [30]
원형 6단 (다음 4코에 짧은뜨기, 다음 코에 코늘리기) 6번 반복 [36]
원형 7단 (다음 5코에 짧은뜨기, 다음 코에 코늘리기) 6번 반복 [42]
원형 8단 (다음 6코에 짧은뜨기, 다음 코에 코늘리기) 6번 반복 [48]
원형 9단 (다음 7코에 짧은뜨기, 다음 코에 코늘리기) 6번 반복 [54]
원형 10 - 29단 54코 모두 짧은뜨기 [54]

앞에서 만들어 둔 눈의 매직링 중앙에 나사형 단추눈을 넣고, 몸통 원

형 13단과 14단의 사이에 7코 간격으로 놓아주세요. 왼쪽 눈과 오른쪽 눈의 위치가 올바른지 확인해주세요. 눈 옆의 털 뭉치가 옆쪽을 향해야 해요. 양쪽 눈의 사슬코 부분을 제외한 나머지 부분을 몸통에 꿰매어주세요. 부리는 원형 14단과 15단, 양쪽 눈 사이에 꿰매어주세요(사진 4).

원형 30단 (다음 7코에 짧은뜨기, 코줄이기) 6번 반복 [48]
원형 31단 (다음 6코에 짧은뜨기, 코줄이기) 6번 반복 [42]
원형 32단 (다음 5코에 짧은뜨기, 코줄이기) 6번 반복 [36]

몸통에 솜을 넣어주세요. 다음 4코에 짧은뜨기 해주세요(몸통의 중앙까지 뜨려면 몇 코 더 뜨거나 덜 떠야 할 수도 있어요). 몸통을 다리 하나당 18코씩 둘로 나누어서 단수링으로 표시해주세요(사진 5). 계속해서 첫 번째 다리를 떠주세요.

첫 번째 다리

원형 33단 18코 모두 짧은뜨기 [18] / 남은 코들은 뜨지 않고 남겨두세요. 계속해서 방금 뜬 18코에만 떠주세요.
원형 34단 18코 모두 짧은뜨기 [18]
원형 35단 (다음 4코에 짧은뜨기, 코줄이기) 3번 반복 [15]
원형 36단 (다음 3코에 짧은뜨기, 코줄이기) 3번 반복 [12]
원형 37단 (다음 2코에 짧은뜨기, 코줄이기) 3번 반복 [9]

첫 번째 다리에 솜을 꼼꼼히 넣어주세요. 실을 정리하고, 꿰맬 수 있도록 실 꼬리를 길게 남겨주세요.

두 번째 다리

원형 32단의 남은 코들 중 아무 코에서 연갈색 실의 고리를 당겨 올려주세요.

원형 33-37단 첫 번째 다리 만들기 부분을 반복해주세요.

다리에 솜을 꼼꼼히 넣어주세요. 실을 정리하고, 꿰맬 수 있도록 실 꼬리를 길게 남겨주세요(사진 6). 연갈색 실로 두 다리 사이를 꿰매어 구멍을 막아주세요.

발(2개 만들기, 노란색 실로 떠주세요)

원형 1단 매직링에 짧은뜨기 5로 시작 [5]
원형 2-4단 5코 모두 짧은뜨기 [5]
원형 5단 5코 모두 코늘리기 [10]
원형 6단 (다음 코에 짧은뜨기, 다음 코에 코늘리기) 5번 반복 [15]

발가락마다 5코씩 발을 세 부분으로 나누어서 단수링으로 표시해주세요(사진 7). 계속해서 첫 번째 발가락을 떠주세요.

첫 번째 발가락

원형 1단 5코 모두 짧은뜨기 [5] / 남은 코들은 뜨지 않고 남겨두세요. 계속해서 방금 뜬 5코에만 떠주세요.
원형 2-3단 5코 모두 짧은뜨기 [5]

실을 정리하고, 실 꼬리를 남겨주세요. 원한다면 발가락에 모루끈을 넣어줘도 좋아요(사진 8). 모루끈의 뾰족한 끝은 반드시 구부려주세요. 돗바늘로 남아 있는 모든 코들의 앞 반 코에 실 꼬리를 꿰어준 다음 바짝 당겨서 조여주세요. 실 끝을 꿰어서 숨겨주세요.

두 번째와 세 번째 발가락

방금 만든 발가락의 옆 코에서 노란색 실의 고리를 당겨 올려주세요.

원형 1-3단 첫 번째 발가락 만들기 부분을 반복해주세요(사진 9-10).

실을 정리하고, 실 꼬리를 남겨주세요. 원한다면 발가락에 모루끈을 넣어줘도 좋아요. 모루끈의 뾰족한 끝은 반드시 구부려주세요. 돗바늘로 남아 있는 모든 코들의 앞 반 코에 실 꼬리를 꿰어준 다음 바짝

졸업을 축하해요! 57

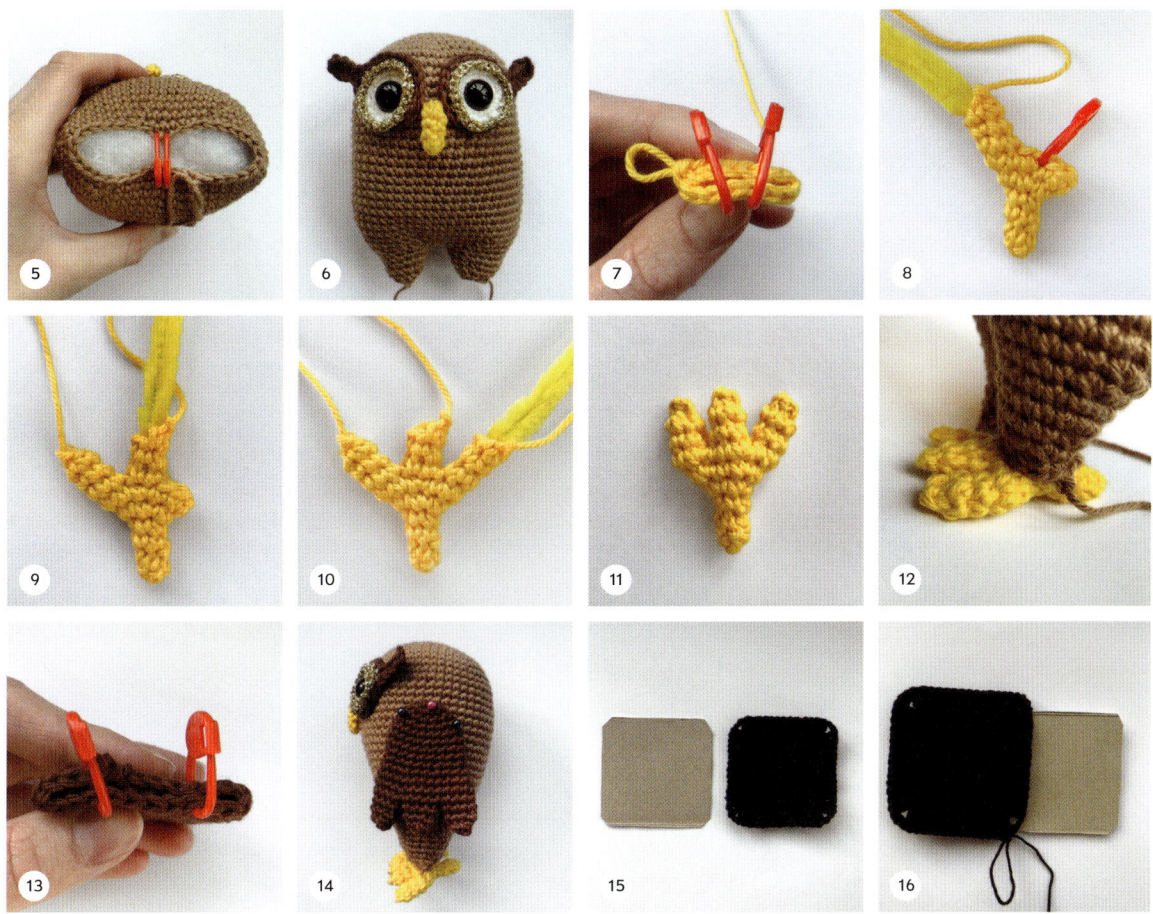

당겨서 조여주세요. 실 끝을 꿰어서 숨겨주세요(사진 11). 3개의 발가락이 앞쪽을 향하도록 발의 가운데 부분을 다리에 꿰매어주세요(사진 12).

날개(2개 만들기, 진갈색 실로 떠주세요)

원형 1단 매직링에 짧은뜨기 6으로 시작 [6]

원형 2단 6코 모두 코늘리기 [12]

원형 3단 12코 모두 짧은뜨기 [12]

원형 4단 (다음 코에 짧은뜨기, 다음 코에 코늘리기) 6번 반복 [18]

원형 5-9단 18코 모두 짧은뜨기 [18]

원형 10단 (다음 2코에 짧은뜨기, 다음 코에 코늘리기) 6번 반복 [24]

원형 11-12단 24코 모두 짧은뜨기 [24]

날개를 날개 끝 하나당 8코씩 셋으로 나누고 단수링으로 표시해주세요(사진 13). 계속해서 첫 번째 날개 끝을 떠주세요.

첫 번째 날개 끝

원형 13단 8코 모두 짧은뜨기 [8] / 남은 코들은 뜨지 않고 남겨두세요. 계속해서 방금 뜬 8코에만 떠주세요.

원형 14 - 15단 8코 모두 짧은뜨기 [8]

원형 16단 코줄이기 4번 [4]

실을 정리하고, 실 꼬리를 남겨주세요. 날개 끝의 가장자리를 꿰매어서 막아준 다음 실 끝을 꿰어서 숨겨주세요.

두 번째와 세 번째 날개 끝

방금 만든 날개 끝의 옆 코에서 진갈색 실의 고리를 당겨 올려주세요.

원형 13 - 16단 첫 번째 날개 끝 만들기 부분을 반복해주세요.

실을 정리하고, 실 꼬리를 남겨주세요. 날개 끝의 가장자리를 꿰매어서 막아준 다음 실 끝을 꿰어서 숨겨주세요. 날개를 몸통의 양옆 원형 17 - 18단에 놓아주세요(사진 14). 원형 3단과 4단의 윗부분만 꿰매고, 날개의 나머지 부분은 꿰매지 않고 남겨두세요.

[학사모]

윗부분(2개 만들기, 검은색 실로 떠주세요)

원형 1단   매직링에 짧은뜨기 6으로 시작 [6]
원형 2단   6코 모두 코늘리기 [12]
원형 3단   (다음 코에 짧은뜨기, 다음 코에 코늘리기) 6번 반복 [18]
원형 4단   (다음 2코에 짧은뜨기, 다음 코에 코늘리기) 6번 반복 [24]
원형 5단   (다음 3코에 짧은뜨기, 다음 코에 코늘리기) 6번 반복 [30]
원형 6단   (다음 4코에 짧은뜨기, 다음 코에 코늘리기) 6번 반복 [36]
원형 7단   (다음 5코에 짧은뜨기, 다음 코에 코늘리기) 6번 반복 [42]
원형 8단   (다음 6코에 짧은뜨기, 다음 코에 코늘리기) 6번 반복 [48]
원형 9단   (다음 6코에 짧은뜨기, 다음 코에 긴뜨기, 다음 코에 한길긴뜨기, 다음 코에 한길긴뜨기 2, 사슬뜨기 2, 다음 코에 한길긴뜨기 2, 다음 코에 한길긴뜨기, 다음 코에 긴뜨기) 4번 반복 [56+4 사슬코 구멍]

실을 정리하고 실 끝을 꿰어서 숨겨주세요. 얇은 보드지나 플라스틱 위에 편물을 놓고 모양대로 그린 다음 잘라주세요. 보드지나 플라스틱의 모서리를 둥글게 잘라주세요(사진 15). 학사모의 윗부분 2개를 서로 안쪽 면이 닿도록 놓고 사슬 2코 구멍들 중 아무 구멍에서 검은색 실의 고리를 당겨 올려주세요.

원형 10단   실을 연결한 사슬 2코 구멍에 짧은뜨기 3, (다음 14코에 짧은뜨기, 사슬 2코 구멍에 짧은뜨기 3) 3번 반복, 다음 14코에 짧은뜨기 [68]

3면을 연결해준 다음 마지막 면을 꿰매기 전에 보드지나 플라스틱을 넣어주세요(사진 16). 실을 정리하고 실 끝을 꿰어서 숨겨주세요. 검은색 자수실로 모서리의 구멍이 메워지도록 꿰매어주세요(사진 17).

학사모의 아랫부분(검은색 실로 떠주세요)

원형 1단   매직링에 짧은뜨기 6으로 시작 [6]
원형 2단   6코 모두 코늘리기 [12]
원형 3단   (다음 코에 짧은뜨기, 다음 코에 코늘리기) 6번 반복 [18]
원형 4단   (다음 2코에 짧은뜨기, 다음 코에 코늘리기) 6번 반복 [24]
원형 5단   (다음 3코에 짧은뜨기, 다음 코에 코늘리기) 6번 반복 [30]
원형 6단   (다음 4코에 짧은뜨기, 다음 코에 코늘리기) 6번 반복 [36]
원형 7-8단   36코 모두 짧은뜨기 [36]
원형 9단   다음 5코에 짧은뜨기, 다음 2코에 긴뜨기, 다음 코에 한길긴뜨기, 다음 코에 두길긴뜨기, 다음 코에 한길긴뜨기, 다음 2코에 긴뜨기, 다음 11코에 한길긴뜨기, 다음 2코에 긴뜨기, 다음 코에 한길긴뜨기, 다음 코에 두길긴뜨기, 다음 코에 한길긴뜨기, 다음 2코에 긴뜨기, 다음 5코에 짧은뜨기, 첫 번째 코에 빼뜨기 [36]
원형 10단   다음 8코에 빼뜨기, 다음 코에 한길긴뜨기+사슬뜨기 1+한길긴뜨기, 다음 17코에 빼뜨기, 다음 코에 한길긴뜨기+사슬뜨기 1+한길긴뜨기, 다음 9코에 빼뜨기 [38]

실을 정리하고, 꿰맬 수 있도록 실 꼬리를 길게 남겨주세요. 학사모 아랫부분의 가운데 부분을 학사모의 윗부분에 꿰매어주세요(반드시 학사모 아랫부분의 뾰족한 부분이 윗부분의 옆면과 나란해야 해요).

태슬

검은색 실을 대략 22cm 길이로 자른 다음 돗바늘에 꿰어주세요. 실을 학사모 윗부분의 가운데에 꿰어준 다음 두 겹으로 접고 끝에서 약 1cm 떨어진 곳에서 매듭을 지어주세요. 돗바늘로 실 끝의 가닥을 풀어서 태슬을 만들어주세요(사진 18).

가운(검은색 실로 떠주세요)

사슬뜨기로 18코 떠주세요. 단뜨기로 뜹니다.

1단   코바늘에서 3번째 사슬코에서 시작, 16코 모두 긴뜨기, 사슬뜨기 2, 편물 돌리기 [16]
2단   16코 모두 긴뜨기, 사슬뜨기 2, 편물 돌리기 [16]
3-6단   다음 4코에 긴뜨기, 사슬뜨기 2, 편물 돌리기 [4] / 남은 코들은 뜨지 않고 남겨두세요.

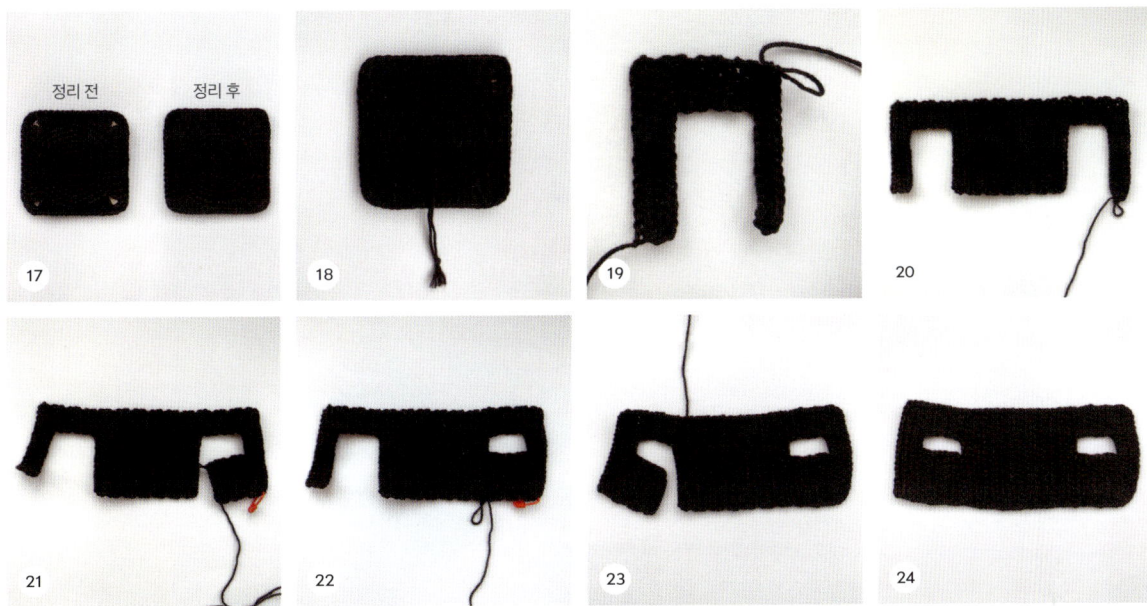

7단 다음 4코에 긴뜨기, 사슬뜨기 14, 편물 돌리기 [18]

8단 사슬코가 꼬이지 않도록 주의해주세요. 코바늘에서 3번째 사슬코에서 시작, 다음 12사슬코에 긴뜨기, 7단의 다음 4코에 긴뜨기, 사슬뜨기 2, 편물 돌리기 [16] (사진 19)

9-21단 다음 16코에 긴뜨기, 사슬뜨기 2, 편물 돌리기 [16]

만약 부엉이의 몸통에 솜을 너무 꽉 채워 넣었다면 여기에서 한 단 더 떠야 할 수도 있습니다.

22-25단 다음 4코에 긴뜨기, 사슬뜨기 2, 편물 돌리기 [4] / 남은 코들은 뜨지 않고 남겨두세요.

26단 다음 4코에 긴뜨기, 사슬뜨기 14, 편물 돌리기 [18]

27단 사슬코가 꼬이지 않도록 주의해주세요. 코바늘에서 3번째 사슬코에서 시작, 다음 12사슬코에 긴뜨기, 26단의 다음 4코에 긴뜨기, 사슬뜨기 2, 편물 돌리기 [16]

28단 다음 16코에 긴뜨기 [16] (사진 20)

실을 정리하고 실 끝을 꿰어서 숨겨주세요. 27단의 첫 번째 코에서 검은색 실 고리를 당겨 올리고, 사슬뜨기로 2코 떠주세요. 계속해서 암홀 아래를 떠주세요.

1-5단 다음 8코에 긴뜨기, 사슬뜨기 2, 편물 돌리기 [8]

실을 정리하고, 꿰맬 수 있도록 실 꼬리를 길게 남겨주세요. 방금 뜬 부분을 가운의 다른 쪽에 꿰매어주면 날개를 넣을 수 있는 암홀이 만들어 질 거예요(사진 21-22).

8단의 첫 번째 코에서 검은색 실 고리를 당겨 올리고 사슬뜨기로 2코 떠주세요. 계속해서 암홀 아래를 떠주세요.

1-5단 첫 번째 암홀 만들기 부분을 반복해주세요(사진 23).

가운과 양쪽 암홀을 돌아가며 빼뜨기 해주면 완성입니다(사진 24). 암홀에 양쪽 날개를 빼주고 가운을 입혀주세요.

장식띠(검은색 실로 시작)

사슬뜨기로 24코 떠주세요. 실을 정리하고 실 끝을 꿰어서 숨겨주세요. 맨 오른쪽 사슬코에서 금색 실의 고리를 당겨 올려주세요.

1단 다음 11사슬코에 짧은뜨기, 2사슬코 건너뛰기, 다음 11사슬코에 짧은뜨기 [22]

실을 정리하고 실 끝을 꿰어서 숨겨주세요.

맨 오른쪽 코에서 빨간색 실의 고리를 당겨 올려주세요.

2단 다음 10코 뒤 반 코에만 짧은뜨기, 2코 건너뛰기, 다음 10코 뒤 반 코에만 짧은뜨기 [20]

실을 정리하고 실 끝을 꿰어서 숨겨주세요. 장식띠의 양쪽 끝을 가운의 상단 모서리에 각각 꿰매주세요. V 모양이 부엉이의 몸통 중앙에서 아래를 향해야 합니다.

졸업장(흰색 실로 떠주세요)

사슬뜨기로 12코 떠주세요. 단뜨기로 뜹니다.

1단 코바늘에서 3번째 사슬코에서 시작, 10코 모두 긴뜨기, 사슬뜨기 2, 편물 돌리기 [10]

2-5단 10코 모두 긴뜨기, 사슬뜨기 2, 편물 돌리기 [10]

6단 10코 모두 긴뜨기 [10]

실을 정리하고 실 끝을 꿰어서 숨겨주세요. 졸업장을 말아주세요. 풀어지지 않도록 가장자리를 꿰매 주어도 좋아요. 졸업장을 금색 실로 묶고 앞쪽에 리본 매듭을 만들어주세요. 졸업장을 한쪽 날개에 꿰매어주세요.

아기가 태어났어요!

아기 배달부 황새 매티와 아기 쿠로예요. 리틀아쿠아걸의 디자인입니다.

여러분의 인생에 새로운 아기를 맞이한다는 건 이 세상에서 가장 큰 기쁨이자 축복이에요. 아기들은 어디에서 오는 걸까요? 아기 배달부 황새 매티가 그 질문에 답을 해줄 거예요. 왜냐하면 매티는 전 세계에 특별한 선물을 배달하느라 늘 바쁘게 날아다니거든요. 각각의 꾸러미에는 모든 이들에게 엄청난 사랑을 가져다 줄 아기가 들어 있답니다.

난이도: ★★★
사이즈: 기재된 실로 만들 경우
매티 23cm, 쿠로 7cm

아미구루미 갤러리: 사진을 공유하고 아이디어를 얻기 위해 QR코드를 스캔하거나 www.amigurumi.com/3607에 방문해주세요.

아기 배달부 황새 매티를 만들기 위해 준비해주세요

중세사
- 흰색
- 파란색
- 주황색
- 진회색
- 회분홍색
- 진분홍색
- 연분홍색
- 연갈색
- 노란색

코바늘 사이즈 2.5mm
코바늘 사이즈 3mm
나사형 단추눈(6mm)
검은색 자수실(1가닥)
돗바늘
단수링
선택사항: 45mm 폼폼 메이커
인조 섬유 솜

주의 패턴에서 별도의 언급이 없다면 코바늘 사이즈 2.5mm로 떠주세요.

[아기 배달부 황새 매티]

머리와 몸통(흰색 실로 시작)

원형 1단 매직링에서 짧은뜨기 6으로 시작 [6]

원형 2단 6코 모두 코늘리기 [12]

원형 3단 (다음 코에 짧은뜨기, 다음 코에 코늘리기) 6번 반복 [18]

원형 4단 (다음 2코에 짧은뜨기, 다음 코에 코늘리기) 6번 반복 [24]

원형 5단 (다음 3코에 짧은뜨기, 다음 코에 코늘리기) 6번 반복 [30]

원형 6단 (다음 4코에 짧은뜨기, 다음 코에 코늘리기) 6번 반복 [36]

원형 7단 (다음 5코에 짧은뜨기, 다음 코에 코늘리기) 6번 반복 [42]

원형 8단 (다음 6코에 짧은뜨기, 다음 코에 코늘리기) 6번 반복 [48]

원형 9단 (다음 7코에 짧은뜨기, 다음 코에 코늘리기) 6번 반복 [54]

원형 10단 (다음 8코에 짧은뜨기, 다음 코에 코늘리기) 6번 반복 [60]

원형 11 - 21단 60코 모두 짧은뜨기 [60]

원형 21단의 25번째와 26번째 코(사진 1의 갈색 단수링), 37번째와 38번째 코(사진 1의 파란색 단수링)를 표시해주세요. 나중에 양쪽 눈을 넣을 때 도움이 될 거예요.

원형 22단 60코 모두 짧은뜨기 [60]

원형 23단 (다음 8코에 짧은뜨기, 코줄이기) 6번 반복 [54]

원형 24단 (다음 7코에 짧은뜨기, 코줄이기) 6번 반복 [48]

원형 25단 (다음 6코에 짧은뜨기, 코줄이기) 6번 반복 [42]

원형 26단 (다음 5코에 짧은뜨기, 코줄이기) 6번 반복 [36]

원형 27단 (다음 4코에 짧은뜨기, 코줄이기) 6번 반복 [30]

원형 28단 (다음 8코에 짧은뜨기, 코줄이기) 3번 반복 [27]

원형 19단과 20단 사이에 14코 간격으로 나사형 단추눈을 넣어주세요. 원형 21단의 단수링을 참고하여 눈이 중앙에 오도록 위치를 잡아주세요(사진 1). 검은색 자수실로 양쪽 눈 위 원형 18단과 19단에 눈썹을 수놓아주세요. 각 눈썹의 너비는 약 5cm가 되어야 해요. 머리에 솜을 꼼꼼히 넣고, 계속 뜨면서 솜을 넣어주세요.

원형 29 - 35단 27코 모두 짧은뜨기 [27]

원형 36단 다음 3코에 짧은뜨기, 코줄이기(이번 코줄이기를 표시해주세요. 여기가 머리/몸통의 뒷면 중앙이에요), 다음 12코에 짧은뜨기, 다음 코에 코늘리기, 다음 9코에 짧은뜨기 [27]

원형 37단 다음 3코에 짧은뜨기, 파란색 실로 교체, 코줄이기, 다음 12코에 짧은뜨기, 다음 코에 코늘리기, 다음 9코에 짧은뜨기 [27]

다음 3코에 짧은뜨기로 떠주세요. 여기가 이 단의 새로운 끝이에요. 타래에 연결된 뜨고 있는 실이 머리/몸통의 뒤쪽 중앙에 와야 합니다.

원형 38단 뒤 반 코에만(다음 8코에 짧은뜨기, 다음 코에 코늘리기) 3번 반복, 첫 번째 코에 빼뜨기 [30]

원형 39단과 40단은 서로 이어진 단에 떠주세요.

원형 39단 사슬뜨기 2, 빼뜨기 했던 동일한 코에서 시작, 다음 코에 긴뜨기 2, 다음 코에 긴뜨기, 다음 코에 긴뜨기 2, 다음 2코에 긴뜨기, (다음 코에 코늘리기, 다음 코에 짧은뜨기) 2번 반복, (다음 코에 코늘리기, 다음 5코에 짧은뜨기) 2번 반복, (다음 코에 코늘리기, 다음 코에 짧은뜨기) 2번 반복, 다음 코에 코늘리기, 다음 2코에 긴뜨기, 다음 코에 긴뜨기 2, 다음 코에 긴뜨기, 첫 번째 코에 빼뜨기 [40]

원형 40단 사슬뜨기 2, 빼뜨기 했던 동일한 코에서 시작, 다음 2코에 긴뜨기, 다음 코에 긴뜨기 2, 다음 3코에 긴뜨기, 다음 코에 코늘리기, 다음 2코에 짧은뜨기, 다음 코에 코늘리기, 다음 코에 짧은뜨기, (다음 코에 코늘리기, 다음 7코에 짧은뜨기) 2번 반복, 다음 코에 코늘리기, 다음 코에 짧은뜨기, 다음 코에 코늘리기, 다음 2코에 짧은뜨기, 다음 코에 코늘리기, 다음 3코에 긴뜨기, 다음 코에 긴뜨기 2, 다음 2코에 긴뜨기, 다음 코에 긴뜨기 2 [50]

원형 41단 다음 코에 코늘리기, 다음 4코에 짧은뜨기, (다음 코에 코늘리기, 다음 3코에 짧은뜨기) 2번 반복, 다음 5코에 짧은뜨기, 다음 코에 코늘리기, (다음 6코에 짧은뜨기, 다음 코에 코늘리기) 2번 반복, 다음 5코에 짧은뜨기, (다음 3코에 짧은뜨기, 다음 코에 코늘리기) 2번 반복, 다음 4코에 짧은뜨기 [58]

원형 42단 58코 모두 짧은뜨기 [58]

원형 43단 다음 2코에 짧은뜨기, 흰색 실로 교체, 다음 4코에 짧은뜨기, 다음 코에 코늘리기, (다음 6코에 짧은뜨기, 다음 코에 코늘리기) 2번 반복, 다음 7코에 짧은뜨기, 다음 코에 코늘리기, (다음 6코에 짧은뜨기, 다음 코에 코늘리기) 3번 반복, 다음 7코에 짧은뜨기, 다음 코에 코늘리기 [66]

원형 44단 66코 모두 짧은뜨기 [66]

원형 45단 (다음 10코에 짧은뜨기, 다음 코에 코늘리기) 6번 반복 [72]

원형 46단 다음 3코에 짧은뜨기, 파란색 실로 교체, 다음 69코에 짧은뜨기 [72]

원형 47-50단 72코 모두 짧은뜨기 [72]

원형 51단 다음 4코에 짧은뜨기, 흰색 실로 교체, 다음 68코에 짧은뜨기 [72]

원형 52단 다음 20코에 짧은뜨기, (코늘이기, 다음 6코에 짧은뜨기, 코줄이기, 다음 5코에 짧은뜨기) 2번 반복, 코줄이기, 다음 6코에 짧은뜨기, 코줄이기, 다음 12코에 짧은뜨기 [66]

원형 52단의 32번째와 33번째 코, 42번째와 43번째 코들을 표시해주세요. 여기가 몸통의 앞면 중앙입니다.

원형 53단 66코 모두 짧은뜨기 [66]

원형 54단 다음 5코에 짧은뜨기, 파란색 실로 교체, 다음 14코에 짧은뜨기, (코줄이기, 다음 5코에 짧은뜨기) 2번 반복, 코줄이기, 다음 4코에 짧은뜨기, 코줄이기, (다음 5코에 짧은뜨기, 코줄이기) 2번 반복, 다음 11코에 짧은뜨기 [60]

원형 55단 60코 모두 짧은뜨기 [60]

원형 56단 다음 3코에 짧은뜨기, 다음 코에 코늘리기, 다음 4코에 짧은뜨기, 다음 코에 코늘리기, 다음 9코에 짧은뜨기, (코줄이기, 다음 4코에 짧은뜨기, 코줄이기, 다음 5코에 짧은뜨기) 3번 반복, 다음 3코에 짧은뜨기 [56]

원형 57단 56코 모두 짧은뜨기 [56]

원형 58단 (다음 4코에 짧은뜨기, 다음 코에 코늘리기) 2번 반복, 다음 8코에 짧은뜨기, (코줄이기, 다음 4코에 짧은뜨기) 5번 반복, 코줄이기, 다음 6코에 짧은뜨기 [52]

다음 8코에 짧은뜨기로 떠주세요. 여기가 이 단의 새로운 끝이에요. 타래에 연결된 뜨고 있는 실이 몸통의 뒤쪽 중앙 색상 교체 선에 와야 합니다. 흰색 실로 교체해주세요.

원형 59단 52코 모두 뒤 반 코에만 짧은뜨기 [52]

원형 60단 다음 2코에 짧은뜨기, 다음 코에 코늘리기, 다음 7코에 짧은뜨기, (코줄이기, 다음 4코에 짧은뜨기, 코줄이기, 다음 3코에 짧은뜨기) 3번 반복, 다음 6코에 짧은뜨기, 다음 코에 코늘리기, 다음 2코에 짧은뜨기 [48]

원형 61단 48코 모두 짧은뜨기 [48]

원형 62단 다음 3코에 짧은뜨기, 다음 코에 코늘리기, 다음 7코에 짧은뜨기, (코줄이기, 다음 2코에 짧은뜨기, 코줄이기, 다음 3코에 짧은뜨기) 3번 반복, 다음 8코에 짧은뜨기, 다음 코에 코늘리기, 다음 코에 짧은뜨기 [44]

원형 63단 다음 3코에 짧은뜨기, 다음 코에 코늘리기, 다음 6코에 짧은뜨기, (코줄이기, 다음 2코에 짧은뜨기) 6번 반복, 다음 8코에 짧은뜨기, 다음 코에 코늘리기, 다음 코에 짧은뜨기 [40]

원형 64단 다음 4코에 짧은뜨기, 다음 코에 코늘리기, 다음 3코에 짧은뜨기, (코줄이기, 다음 2코에 짧은뜨기) 6번 반복, 다음 5코에 짧은뜨기, 다음 코에 코늘리기, 다음 2코에 짧은뜨기 [36]

원형 65단 다음 4코에 짧은뜨기, 다음 코에 코늘리기, 다음 코에 짧은뜨기, (코줄이기, 다음 2코에 짧은뜨기) 6번 반복, 다음 3코에 짧은뜨기, 다음 코에 코늘리기, 다음 2코에 짧은뜨기 [32]

원형 66단 다음 4코에 짧은뜨기, (코줄이기, 다음 2코에 짧은뜨기) 6번 반복, 다음 4코에 짧은뜨기 [26]

원형 66단은 몸통의 뒤쪽 중앙에서 끝나야 해요(사진 2). 여기까지 뜨

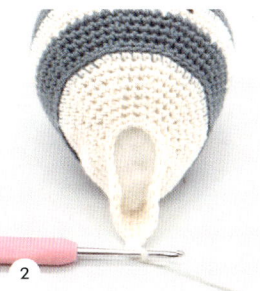

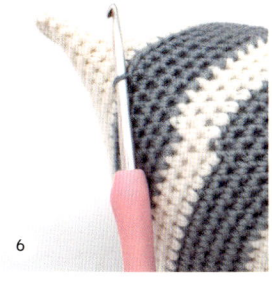

기 위해 필요하다면 짧은뜨기로 몇 코 더 뜨거나 덜 떠야 합니다.
계속해서 몸통 아래쪽 벌어진 부분의 일부를 막기 위해 두 겹을 겹쳐서 단뜨기로 떠주세요 (사진 3).

67단 두 겹을 겹쳐서 다음 6코에 짧은뜨기 [6]

이렇게 뜨면 뜨지 않은 13코가 남을 거예요. 계속해서 이 코들을 원형 뜨기로 떠주세요 (사진 4).

원형 68단 뜨지 않은 코들 중 첫 번째 코에서 시작, 다음 6코에 짧은뜨기, 코줄이기, 다음 5코에 짧은뜨기 [12]

원형 69단 코줄이기 6번 [6]

다음 코에 빼뜨기 해주세요. 실을 정리하고, 실 꼬리를 남겨주세요. 돗바늘로 남은 코들의 앞 반 코에 실 꼬리를 꿰어준 다음 바짝 당겨서 조여주세요. 실 끝을 꿰어서 숨겨주세요.

칼라 (파란색 실로 떠주세요)

머리가 달린 몸통이 여러분의 반대쪽을 향하도록 두세요. 몸통 원형 38단의 마지막 앞 반 코에서 파란색 실의 고리를 당겨 올려주세요 (사진 5).

원형 1단 사슬뜨기 2, 실을 연결한 동일한 앞 반 코에서 시작, 27코 모두 긴뜨기 [27]

다음 코에 빼뜨기를 해주세요. 실을 정리하고, 실 끝을 꿰어서 숨겨주세요.

허리 밴드 (파란색 실로 떠주세요)

머리가 달린 몸통이 여러분 쪽을 향하도록 두세요. 몸통 59단의 남은

앞 반 코들 중 마지막 앞 반 코에서 파란색 실의 고리를 당겨 올려주세요 (사진 6).

원형 1단 사슬뜨기 2, 실을 연결한 동일한 앞 반 코에서 시작, 52코 모두 긴뜨기 [52]

다음 코에 빼뜨기를 해주세요. 실을 정리하고 실 끝을 꿰어서 숨겨주세요.

부리 (주황색 실로 떠주세요)

원형 1단 매직링에 짧은뜨기 6으로 시작 [6]

원형 2-3단 6코 모두 짧은뜨기 [6]

원형 4단 (다음 코에 짧은뜨기, 다음 코에 코늘리기) 3번 반복 [9]

원형 5-7단 9코 모두 짧은뜨기 [9]

원형 8단 (다음 2코에 짧은뜨기, 다음 코에 코늘리기) 3번 반복 [12]

원형 9-11단 12코 모두 짧은뜨기 [12]

원형 12단 (다음 3코에 짧은뜨기, 다음 코에 코늘리기) 3번 반복 [15]

원형 13단 15코 모두 짧은뜨기 [15]

원형 14단 다음 6코에 짧은뜨기, 다음 코에 코늘리기, 다음 코에 짧은뜨기, 다음 코에 코늘리기, 다음 6코에 짧은뜨기 [17]

원형 15단 다음 6코에 짧은뜨기, 다음 코에 코늘리기, 다음 3코에 짧은뜨기, 다음 코에 코늘리기, 다음 6코에 짧은뜨기 [19]

원형 16단 다음 6코에 짧은뜨기, 다음 코에 코늘리기, 다음 5코에 짧은뜨기, 다음 코에 코늘리기, 다음 6코에 짧은뜨기 [21]

원형 16단의 7번째와 8번째 코, 14번째와 15번째 코에 표시해주세요. 여기가 부리의 윗면 중앙이에요.

원형 17단 21코 모두 짧은뜨기 [21]

다음 코에 빼뜨기 해주세요. 실을 정리하고, 꿰맬 수 있도록 실 꼬리를 길게 남겨주세요. 부리에 솜을 넣어주세요.

날개 (2개 만들기, 흰색 실로 시작)

시작 실 꼬리를 길게 남겨주세요.

원형 1단 매직링에 짧은뜨기 6으로 시작 [6]

원형 2단 6코 모두 코늘리기 [12]

원형 3단 (다음 코에 짧은뜨기, 다음 코에 코늘리기) 6번 반복 [18]
원형 4단 (다음 2코에 짧은뜨기, 다음 코에 코늘리기) 6번 반복 [24]
원형 5단 (다음 3코에 짧은뜨기, 다음 코에 코늘리기) 6번 반복 [30]
시작 실 꼬리를 원형 2단과 3단 사이로 빼주세요. 나중에 위치를 조정해 줄 거예요.
원형 6단 (다음 7코에 짧은뜨기, 다음 코에 코늘리기, 다음 6코에 짧은뜨기, 다음 코에 코늘리기) 2번 반복 [34]
원형 7-11단 34코 모두 짧은뜨기 [34]
원형 12단 다음 8코에 짧은뜨기, 코줄이기, 다음 15코에 짧은뜨기, 코줄이기, 다음 7코에 짧은뜨기 [32]
원형 13단 32코 모두 짧은뜨기 [32]
원형 14단 다음 7코에 짧은뜨기, 코줄이기, 다음 14코에 짧은뜨기, 코줄이기, 다음 7코에 짧은뜨기 [30]
원형 14단의 8번째 코와 23번째 코를 표시해주세요. 여기가 날개의 위쪽과 아래쪽이에요. 진회색 실로 교체해주세요.
원형 15단 다음 7코에 짧은뜨기, 다음 15코 뒤 반 코에만 짧은뜨기, 계속해서 한 코 모두에 뜨기, 다음 8코에 짧은뜨기 [30]
원형 16단 다음 7코에 짧은뜨기, 코줄이기, 다음 13코에 짧은뜨기, 코줄이기, 다음 6코에 짧은뜨기 [28]
원형 17단 다음 6코에 짧은뜨기, 코줄이기, 다음 12코에 짧은뜨기, 코줄이기, 다음 6코에 짧은뜨기 [26]
원형 18단 다음 6코에 짧은뜨기, 코줄이기, 다음 11코에 짧은뜨기, 코줄이기, 다음 5코에 짧은뜨기 [24]
원형 19단 다음 5코에 짧은뜨기, 코줄이기, 다음 10코에 짧은뜨기, 코줄이기, 다음 5코에 짧은뜨기 [22]
원형 20단 다음 5코에 짧은뜨기, 코줄이기, 다음 9코에 짧은뜨기, 코줄이기, 다음 4코에 짧은뜨기 [20]
원형 21단 다음 5코에 짧은뜨기, 코줄이기, 다음 8코에 짧은뜨기, 코줄이기, 다음 3코에 짧은뜨기 [18]
원형 22단 다음 5코에 짧은뜨기, 코줄이기, 다음 7코에 짧은뜨기, 코줄이기, 다음 2코에 짧은뜨기 [16]
원형 23단 다음 4코에 짧은뜨기, 코줄이기, 다음 6코에 짧은뜨기, 코줄이기, 다음 2코에 짧은뜨기 [14]
원형 24단 다음 4코에 짧은뜨기, 코줄이기, 다음 5코에 짧은뜨기, 코줄이기, 다음 코에 짧은뜨기 [12]
원형 25단 (다음 2코에 짧은뜨기, 코줄이기) 3번 반복 [9]
원형 26단 (다음 코에 짧은뜨기, 코줄이기) 3번 반복 [6]
날개에는 솜을 넣지 않습니다. 다음 코에 빼뜨기 해주세요. 실을 정리하고, 실 꼬리를 남겨주세요. 돗바늘로 남아 있는 코들의 앞 반 코에 실 꼬리를 꿰어주고 바짝 당겨서 조여주세요. 실 끝을 꿰어서 숨겨주세요.

깃털 (2개 만들기, 흰색 실로 떠주세요)

단뜨기로 떠주세요. 날개의 매직링이 여러분을 향하도록 두고 떠주세요. 날개의 맨 오른쪽, 원형 15단의 남은 앞 반 코들 중 첫 번째 앞 반 코에서 흰색 실의 고리를 당겨 올려주세요(사진 7).
1단 실을 연결한 동일한 앞 반 코에 짧은뜨기, (다음 코에 짧은뜨기 3+사슬 3코 피코뜨기(사진 8)+짧은뜨기 2(사진 9), 다음 코 건너뛰기, 다음 코에 짧은뜨기, 다음 코 건너뛰기) 3번 반복, 다음 코에 짧은뜨기 3+사슬 3코 피코뜨기+짧은뜨기 2, 다음 코에 빼뜨기
실을 정리하고 실 끝을 꿰어서 숨겨주세요. 이 단계에서 날개의 흰색 시작 실 꼬리의 위치를 조정해주세요. 이 시작 실 꼬리를 날개의 옆쪽, 원형 14단에 표시한 코들 중 하나와 같은 면에 올 수 있도록 원형 2단과 3단 사이에서 빼주세요(사진 10). 나중에 이 실 꼬리로 날개를 몸통에 꿰매어줄 거예요.

발가락 (6개 만들기, 주황색 실로 떠주세요)

원형 1단 매직링에 짧은뜨기 6으로 시작 [6]
원형 2단 (다음 코에 짧은뜨기, 다음 코에 코늘리기) 3번 반복 [9]
원형 3-6단 9코 모두 짧은뜨기 [9]
발 하나당 2개의 발가락은 다음 코에 빼뜨기 하고 실을 정리해주세요. 발가락마다 실 꼬리를 남기고, 이 발가락들의 마지막 빼뜨기 코를 표시해주세요. 이렇게 하면 발가락들을 연결할 때 도움이 될 거예요. 각 발의 3번째 발가락은 빼뜨기와 실 정리를 하지 않습니다. 발가락에 솜을 꼼꼼히 넣어주세요. 계속해서 발의 나머지 부분을 떠주세요.

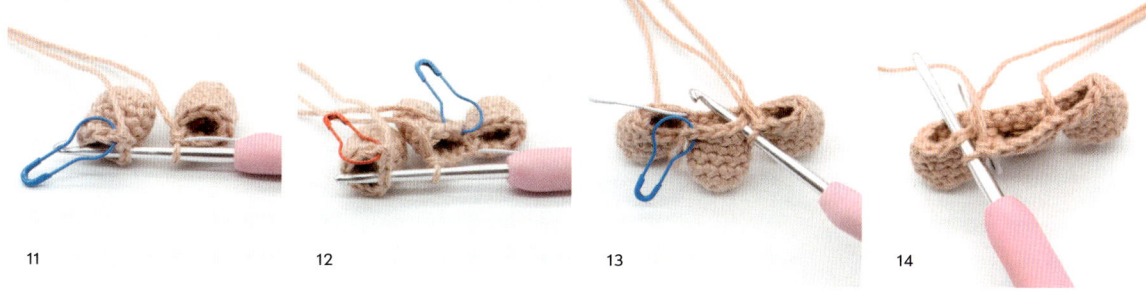

11　　　　　　　12　　　　　　　13　　　　　　　14

발(2개 만들기, 주황색 실로 떠주세요)

원형 1단　발가락 2의 표시해 둔 빼뜨기 코 다음 코에서 시작(사진 11), 다음 4코에 짧은뜨기, 발가락 1의 표시해 둔 빼뜨기 코 다음 코에서 시작(사진 12), 다음 9코에 짧은뜨기, 발가락 2의 남은 5코에 짧은뜨기(사진 13), 발가락 3의 다음 9코에 짧은뜨기(사진 14) [27]

원형 2-3단　27코 모두 짧은뜨기 [27]

원형 4단　(다음 7코에 짧은뜨기, 코줄이기) 3번 반복 [24]

원형 5단　24코 모두 짧은뜨기 [24]

원형 6단　(다음 6코에 짧은뜨기, 코줄이기) 3번 반복 [21]

원형 7단　21코 모두 짧은뜨기 [21]

원형 8단　(다음 5코에 짧은뜨기, 코줄이기) 3번 반복 [18]

원형 9단　18코 모두 짧은뜨기 [18]

원형 10단　(다음 4코에 짧은뜨기, 코줄이기) 3번 반복 [15]

원형 11단　15코 모두 짧은뜨기 [15]

원형 12단　(다음 3코에 짧은뜨기, 코줄이기) 3번 반복 [12]

발에 솜을 넣어주세요. 너무 많이 넣지는 마세요.

원형 13단　코줄이기 6번 [6]

다음 코에 빼뜨기 해주세요. 실을 정리하고, 실 꼬리를 남겨주세요. 돗바늘로 남은 코들의 앞 반 코에 실 꼬리를 꿰어준 다음 바짝 당겨서 조여주세요. 실 끝을 꿰어서 숨겨주세요. 발가락 1과 2의 남은 실 꼬리로 발가락 사이의 구멍들을 꿰매어주세요.

다리(2개 만들기, 주황색 실로 떠주세요)

시작 실 꼬리를 길게 남겨주세요.

원형 1단　매직링에 짧은뜨기 6으로 시작 [6]

원형 2단　6코 모두 코늘리기 [12]

원형 3단　다음 코에 코늘리기, 다음 11코에 짧은뜨기 [13]

원형 4단　13코 모두 뒤 반 코에만 짧은뜨기 [13]

원형 5-6단　13코 모두 짧은뜨기 [13]

시작 실 꼬리를 다리의 원형 4단의 아무 앞 반 코 위로 빼주세요(사진 15).

원형 7 - 18단 13코 모두 짧은뜨기 [13]

계속해서 단뜨기로 떠주세요.

19단 다음 10코에 짧은뜨기, 사슬뜨기 1, 편물 돌리기 [10] / 남은 코들은 뜨지 않고 남겨두세요.

20단 코줄이기, 다음 6코에 짧은뜨기, 코줄이기, 사슬뜨기 1, 편물 돌리기 [8]

21단 코줄이기, 다음 4코에 짧은뜨기, 코줄이기 [6]

다리의 윗부분을 따라서 원형뜨기로 떠주세요.

원형 22단 다음 3단의 가장자리에 짧은뜨기(사진 16), 다리 뒤쪽을 따라서 원형 18단의 뜨지 않은 다음 3코에 짧은뜨기(사진 17), 다음 3단의 가장자리에 짧은뜨기, 다리 앞쪽을 따라서 21단의 다음 6코에 짧은뜨기 [15]

다음 코에 빼뜨기 해주세요. 실을 정리하고, 꿰맬 수 있도록 실 꼬리를 길게 남겨주세요. 다리에 솜을 꼼꼼히 넣어주세요.

베레모 (회분홍색 실로 시작, 코바늘 사이즈 3mm 사용)

원형 1단 매직링에 짧은뜨기 6으로 시작 [6]

원형 2단 6코 모두 코늘리기 [12]

원형 3단 (다음 코에 짧은뜨기, 다음 코에 코늘리기) 6번 반복 [18]

원형 4단 (다음 2코에 짧은뜨기, 다음 코에 코늘리기) 6번 반복 [24]

원형 5단 (다음 3코에 짧은뜨기, 다음 코에 코늘리기) 6번 반복 [30]

원형 6단 (다음 4코에 짧은뜨기, 다음 코에 코늘리기) 6번 반복 [36]

원형 7단 (다음 5코에 짧은뜨기, 다음 코에 코늘리기) 6번 반복 [42]

원형 8단 (다음 6코에 짧은뜨기, 다음 코에 코늘리기) 6번 반복 [48]

원형 9단 (다음 7코에 짧은뜨기, 다음 코에 코늘리기) 6번 반복 [54]

원형 10단 (다음 8코에 짧은뜨기, 다음 코에 코늘리기) 6번 반복 [60]

원형 11단 (다음 9코에 짧은뜨기, 다음 코에 코늘리기) 6번 반복 [66]

원형 12단 (다음 10코에 짧은뜨기, 다음 코에 코늘리기) 6번 반복 [72]

원형 13 - 16단 72코 모두 짧은뜨기 [72]

원형 17단 (다음 2코에 짧은뜨기, 코줄이기) 18번 반복 [54]

원형 18단 (다음 7코에 짧은뜨기, 코줄이기) 6번 반복 [48]

파란색 실로 교체해주세요.

원형 19 - 20단 48코 모두 짧은뜨기 [48]

다음 코에 빼뜨기 해주세요. 실을 정리하고 실 끝을 꿰어서 숨겨주세요. 만약 베레모를 머리에 꿰매고 싶은 경우에는 실 꼬리를 길게 남겨주세요. 회분홍색 실로 45mm 사이즈의 폼폼을 만들어서 베레모의 윗면 중앙에 꿰매어주세요.

가방 (진분홍색 실로 시작)

원형 1단 매직링에 짧은뜨기 6으로 시작 [6]

원형 2단 6코 모두 코늘리기 [12]

원형 3단 (다음 코에 짧은뜨기, 다음 코에 코늘리기) 6번 반복 [18]

원형 4단 (다음 2코에 짧은뜨기, 다음 코에 코늘리기) 6번 반복 [24]

원형 5단 (다음 3코에 짧은뜨기, 다음 코에 코늘리기) 6번 반복 [30]

원형 6단 (다음 4코에 짧은뜨기, 다음 코에 코늘리기) 6번 반복 [36]

원형 7단 (다음 5코에 짧은뜨기, 다음 코에 코늘리기) 6번 반복 [42]

원형 8단 (다음 6코에 짧은뜨기, 다음 코에 코늘리기) 6번 반복 [48]

원형 9단에서 17단은 사진 18에서와 같이 배색뜨기 기법으로 색깔마다 3코씩 번갈아가며 떠줄 거예요. 혹시 배색뜨기 기법에 자신이 없다면 가방 전체를 진분홍색 실로 떠주어도 괜찮아요.

원형 9단 뒤 반 코에만[(연분홍색) 다음 3코에 짧은뜨기, (진분홍색) 다음 3코에 짧은뜨기] 8번 반복 [48]

원형 10 - 11단 [(연분홍색) 다음 3코에 짧은뜨기, (진분홍색) 다음 3코에 짧은뜨기] 8번 반복 [48]

원형 12 - 14단 [(연갈색) 다음 3코에 짧은뜨기, (연분홍색) 다음 3코

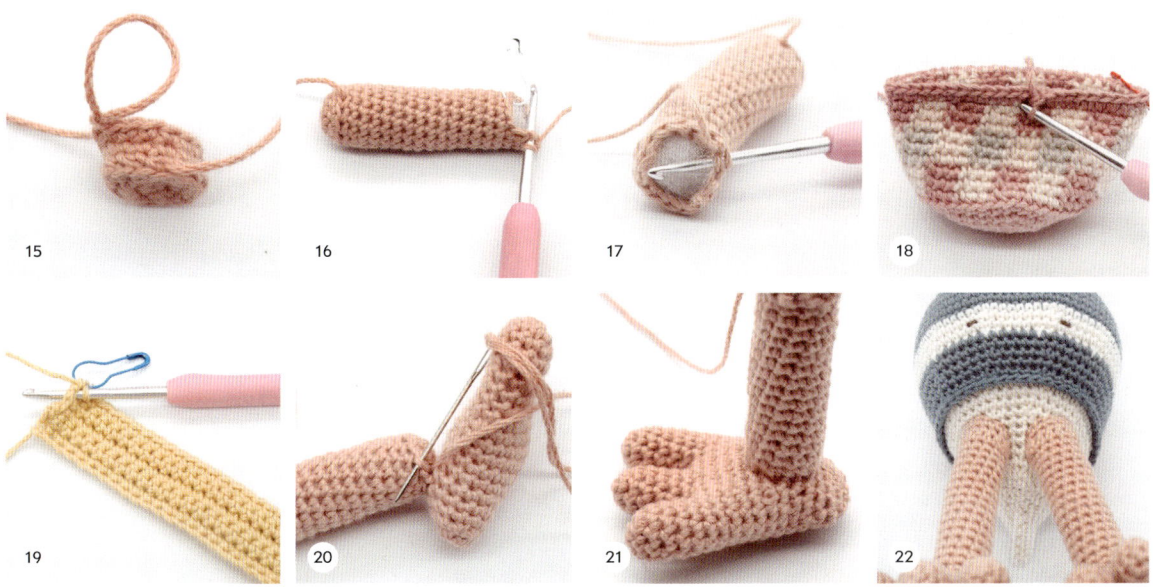

에 짧은뜨기] 8번 반복 [48]

원형 15-17단 [(연분홍색) 다음 3코에 짧은뜨기, (진분홍색) 다음 3코에 짧은뜨기] 8번 반복 [48]

진분홍색 실로 교체해주세요.

원형 18단 48코 모두 짧은뜨기 [48]

원형 19단 48코 모두 스파이크뜨기 [48] (사진 18)

다음 코에 빼뜨기를 해주세요. 실을 정리하고 실 끝을 꿰어서 숨겨주세요.

가방 스트랩(2개 만들기, 진분홍색 실로 떠주세요)

사슬뜨기로 50코 떠주세요. 기초 사슬코의 양쪽을 돌아가며 뜹니다.

원형 1단 코바늘에서 2번째 사슬코에서 시작, 다음 48코에 짧은뜨기, 다음 코에 짧은뜨기 3. 계속해서 기초 사슬코의 나머지 한쪽에 뜨기, 다음 47코에 짧은뜨기, 다음 코에 코늘리기 [100]

다음 코에 빼뜨기 해주세요. 실을 정리하고, 꿰맬 수 있도록 실 꼬리를 길게 남겨주세요.

스카프(노란색 실로 떠주세요)

사슬뜨기로 71코 떠주세요. 단뜨기로 뜹니다.

1단 코바늘에서 2번째 사슬코에서 시작, 다음 70사슬코에 짧은뜨기, 사슬뜨기 1, 편물 돌리기 [70]

2-4단 다음 70코에 짧은뜨기, 사슬뜨기 1, 편물 돌리기 [70]

5단 다음 70코에 짧은뜨기 [70]

계속해서 동일한 방향으로 스카프를 따라서 원형뜨기로 떠주세요. 스카프의 가장자리를 정리하기 위함이에요(사진 19).

원형 6단 다음 5단의 세로 가장자리에 짧은뜨기, 한 면의 긴 가장자리를 따라서 다음 70코에 짧은뜨기, 다음 5단의 세로 가장자리에 짧은뜨기 [80]

다음 코에 빼뜨기를 해주세요. 실을 정리하고 실 끝을 꿰어서 숨겨주세요.

아기 배달부 매티 조립하기

- 부리를 머리의 19단에서 25단의 위, 눈과 눈 사이의 중앙에 오도록 꿰매어주세요.
- 다리 옆으로 빼놓은 실 꼬리(사진 15)로 양쪽 발을 각각 다리의 아랫부분, 다리의 원형 4단에 남아 있는 앞 반 코들에 꿰매어주세요(사진 20). 양쪽 다리의 밑 부분이 발등의 원형 6단에서 9단 위에 위치해야 해요(사진 21).
- 아기 배달부 매티가 균형을 잡을 수 있도록 다리를 몸통의 아래쪽에 핀으로 꽂아주세요. 양쪽 다리의 막혀 있지 않은 부분이 몸통 밑면의 원형 62단에서 66단의 위에 위치해야 해요(사진 22). 다리의 윗부분에서 더 높은 쪽이 정면을 향해야 합니다.
- 날개의 옆쪽에 빼둔 실 꼬리(사진 10)로 양쪽 날개를 몸통에 꿰매어주세요. 양쪽 날개의 위치를 정하기 위해, 두 개의 핀을 원형 44단과 45단의 사이에 18코의 간격으로 꽂아주세요. 몸통의 원형 52단에 표시해 둔 코들을 참고하여 두 핀의 중심을 정하면 됩니다(사진 23). 양쪽 날개의 매직링은 각각 방금 꽂아둔 핀의 위치에 와야 합니다(사진 23). 원형 52단과 53단의 사이에 21코 간격으로 두 개의 핀을 더 꽂아주세요(사진 24). 각 날개의 옆면은 꽂아 둔 두 개의 핀들

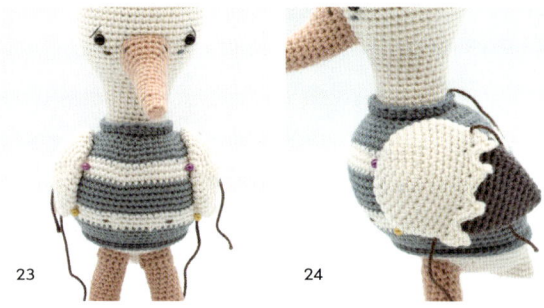

가방 조립하기

가방 스트랩의 한쪽 끝을 각각 가방의 원형 16단에서 18단 위에 꿰매어주세요. 두 개의 스트랩이 정확히 서로 마주보는 위치에 있어야 합니다.

과 나란해야 해요. 날개 흰 부분의 아래쪽을 따라서 꿰매어주세요. 위쪽은 꿰매지 않기 때문에 코들이 보이지는 않을 거예요.
- 이 단계에서 단수링을 모두 빼주세요.
- 베레모를 머리 위에 올려주세요. 한쪽으로 살짝 기울여서 씌워주면 좀 더 스타일리시해 보일 거예요. 원한다면 베레모를 머리에 꿰매어주세요.
- 아기 배달부 매티의 목에 스카프를 묶어주세요.

아기 쿠로를 만들기 위해 준비해주세요

중세사
- 피부색
- 갈색 (남은 실)
- 연청록색 (남은 실)
- 연파란색 (남은 실)

코바늘 사이즈 2.5mm
검은색 자수실 (한 가닥)
돗바늘
단수링
인조 섬유 솜

[아기 쿠로]

머리 (피부색 실로 떠주세요)

원형 1단 매직링에 짧은뜨기 6으로 시작 [6]
원형 2단 6코 모두 코늘리기 [12]
원형 3단 (다음 코에 짧은뜨기, 다음 코에 코늘리기) 6번 반복 [18]
원형 4단 (다음 2코에 짧은뜨기, 다음 코에 코늘리기) 6번 반복 [24]
원형 5단 (다음 3코에 짧은뜨기, 다음 코에 코늘리기) 6번 반복 [30]
원형 6단 (다음 4코에 짧은뜨기, 다음 코에 코늘리기) 6번 반복 [36]
원형 7-10단 36코 모두 짧은뜨기 [36]
원형 11단 (다음 4코에 짧은뜨기, 코줄이기) 6번 반복 [30]
원형 12단 (다음 3코에 짧은뜨기, 코줄이기) 6번 반복 [24]
원형 13단 (다음 2코에 짧은뜨기, 코줄이기) 6번 반복 [18]

검은색 자수실로 머리의 원형 9단 위에 V 모양으로 양쪽 눈을 수놓아주세요. V 모양의 윗부분 너비는 약 5cm가 되어야 합니다. 양쪽 눈의 안쪽 모서리는 서로 4코 떨어져 있어야 합니다 (사진 25). 갈색 실로 머리카락 몇 가닥을 꿰매어주세요. 각 가닥의 길이를 다르게 해도 괜찮아요. 모든 머리 가닥의 맨 윗부분은 매직링을 통과해야 합니다. 머리에 솜을 꼼꼼히 넣어주고 계속 뜨면서 솜을 넣어주세요.

원형 14단 (다음 코에 짧은뜨기, 코줄이기) 6번 반복 [12]
원형 15단 코줄이기 6번 [6]

다음 코에 빼뜨기 해주세요. 실을 정리하고, 실 꼬리를 남겨주세요. 돗

바늘로 남은 코들의 안 반 코에 실 꼬리를 꿰어준 다음 바짝 당겨서 조여주세요. 실 끝을 꿰어서 숨겨주세요.

몸통(흰색 실로 시작)

원형 1단　매직링에 짧은뜨기 6으로 시작 [6]

원형 2단　6코 모두 코늘리기 [12]

원형 3단　(다음 코에 짧은뜨기, 다음 코에 코늘리기) 6번 반복 [18]

원형 4단　(다음 2코에 짧은뜨기, 다음 코에 코늘리기) 6번 반복 [24]

원형 5단　(다음 3코에 짧은뜨기, 다음 코에 코늘리기) 6번 반복 [30]

원형 6단　(다음 9코에 짧은뜨기, 다음 코에 코늘리기) 3번 반복 [33]

원형 7-8단　33코 모두 짧은뜨기 [33]

원형 9단　33코 모두 앞 반 코에만 짧은뜨기 [33]

피부색 실로 교체해주세요.

원형 10단　원형 8단의 남은 뒤 반 코에만 뜨기(사진 26), (다음 9코에 짧은뜨기, 코줄이기) 3번 반복 [30]

원형 11단　다음 5코에 짧은뜨기, 코줄이기, (다음 8코에 짧은뜨기, 코줄이기) 2번 반복, 다음 3코에 짧은뜨기 [27]

원형 12단　다음 3코에 짧은뜨기, 코줄이기, (다음 7코에 짧은뜨기, 코줄이기) 2번 반복, 다음 4코에 짧은뜨기 [24]

원형 13단　다음 4코에 짧은뜨기, 코줄이기, (다음 6코에 짧은뜨기, 코줄이기) 2번 반복, 다음 2코에 짧은뜨기 [21]

원형 14단　다음 코에 짧은뜨기, 코줄이기, (다음 5코에 짧은뜨기, 코줄이기) 2번 반복, 다음 4코에 짧은뜨기 [18]

원형 15단　(다음 4코에 짧은뜨기, 코줄이기) 3번 반복 [15]

원형 16단　다음 6코에 짧은뜨기, 코줄이기, 다음 5코에 짧은뜨기, 코줄이기 [13]

다음 코에 빼뜨기 해주세요. 실을 정리하고, 꿰맬 수 있도록 실 꼬리를 길게 남겨주세요. 몸통에 솜을 꼼꼼히 넣어주세요.

팔(2개 만들기, 피부색 실로 떠주세요)

원형 1단　매직링에 짧은뜨기 6으로 시작 [6]

원형 2단　(다음 2코에 짧은뜨기, 다음 코에 코늘리기) 2번 반복 [8]

원형 3단　8코 모두 짧은뜨기 [8]

원형 4단　(다음 2코에 짧은뜨기, 코줄이기) 2번 반복 [6]

원형 5-9단　6코 모두 짧은뜨기 [6]

손 부분에 솜을 꼼꼼히 넣어주세요. 팔의 나머지 부분에는 솜을 가볍게 넣어주세요. 팔을 납작하게 만들고 다음 단에서는 두 겹을 같이 떠서 막아주세요.

원형 10단　3코 모두 짧은뜨기 [3]

실을 정리하고, 꿰맬 수 있도록 실 꼬리를 길게 남겨주세요.

다리(2개 만들기, 피부색 실로 떠주세요)

원형 1단　매직링에 짧은뜨기 6으로 시작 [6]

원형 2단　6코 모두 코늘리기 [12]

원형 3단　(다음 3코에 짧은뜨기, 다음 코에 코늘리기) 3번 반복 [15]

원형 4단　15코 모두 짧은뜨기 [15]

원형 5단　다음 코에 짧은뜨기, 코줄이기 6번, 다음 2코에 짧은뜨기 [9]

원형 6단　다음 3코에 짧은뜨기, 코줄이기, 다음 4코에 짧은뜨기 [8]

원형 7-10단　8코 모두 짧은뜨기 [8]

왼쪽 다리의 원형 11단과 오른쪽 다리의 원형 11단은 서로 다르게 떠줍니다.

원형 11단 왼쪽 다리　다음 코에 짧은뜨기 [1] / 남은 코들은 뜨지 않고 남겨두세요.

원형 11단 오른쪽 다리　다음 5코에 짧은뜨기 [5] / 남은 코들은 뜨지 않고 남겨두세요.

발 부분에 솜을 꼼꼼히 넣어주세요. 다리의 나머지 부분에는 솜을 가볍게 넣어주세요. 다리를 납작하게 만들고 다음 단에서는 두 겹을 같이 떠서 막아주세요.

원형 12단　4코 모두 짧은뜨기 [4]

실을 정리하고, 꿰맬 수 있도록 실 꼬리를 길게 남겨주세요.

27 28 29 30

쪽쪽이 (연청록색 실로 떠주세요)

- **원형 1단** 매직링에 짧은뜨기 6으로 시작 [6]
- **원형 2단** 6코 모두 뒤 반 코에만 짧은뜨기 [6]
- **원형 3단** 6코 모두 앞 반 코에만 코늘리기 [12]
- **원형 4단** (다음 코에 짧은뜨기, 다음 코에 코늘리기) 6번 반복 [18]

다음 코에 빼뜨기 해주세요. 실을 정리하고 시작 실 꼬리를 쪽쪽이 안으로 넣어주세요. 끝부분의 실 꼬리를 원형 3단의 남은 뒤 반 코들에 꿰어주세요 (사진 27).

리본 (연파란색 실로 떠주세요)

시작 실 꼬리를 길게 남겨주세요. 사슬뜨기로 34코를 뜨고 빼뜨기로 연결하여 원을 만들어주세요.

- **원형 1단** 사슬뜨기 2, 빼뜨기 했던 사슬코로 돌아와서 시작, 34사슬코 모두 긴뜨기 [34]
- **원형 2-4단** 34코 모두 뒤 반 코에만 긴뜨기 [34]
- **원형 5단** 다음 3코 뒤 반 코에만 긴뜨기 [3] / 남은 코들은 뜨지 않고 남겨두세요.

다음 코에 빼뜨기 해주세요. 실을 정리하고, 실 꼬리를 길게 남겨주세요. 리본의 가운데 부분이 조이도록 시작 실 꼬리와 끝부분의 실 꼬리로 함께 몇 번 감아주세요 (사진 28). 두 실 꼬리의 끝을 풀어지지 않도록 묶고 두 실 꼬리를 리본의 뒤쪽에 꿰어서 숨겨주세요.

리본의 센터 (연파란색 실로 떠주세요)

시작 실 꼬리를 남겨주세요. 사슬뜨기로 10코 떠주세요. 단뜨기로 뜹니다.

- **1단** 코바늘에서 2번째 사슬코에서 시작, 다음 9사슬코에 짧은뜨기, 사슬뜨기 1, 편물 돌리기 [9]
- **1단** 다음 9코에 짧은뜨기 [9]

실을 정리하고, 실 꼬리를 길게 남겨주세요. 리본의 센터를 리본의 가운데에 감아주세요 (사진 29). 뒤쪽에서 양쪽 끝을 함께 꿰매어주세요. 리본의 센터가 움직이지 않도록 리본에 몇 코를 연결해주세요. 실을 정리하고, 꿰맬 수 있도록 실 꼬리를 길게 남겨주세요.

조립하기

- 몸통의 막혀 있지 않은 부분을 머리의 아래쪽 원형 14단과 15단의 위에 꿰매어주세요. 아기가 좀 더 귀엽게 보이도록 머리를 살짝 기울여줘도 좋아요.
- 양쪽 팔은 몸통의 원형 15단과 16단의 사이에, 앞쪽에서 4코 간격이 되도록 꿰매어주세요.
- 두 다리를 몸통에 꿰매어주세요. 양쪽 다리 상단의 납작한 가장자리를 몸통의 원형 5단에서 8단 위에 꿰매어주세요 (사진 30). 다리가 몸통에서 떨어지지 않도록 양쪽 모두 다리를 따라서 몇 코 더 꿰매어주세요.
- 쪽쪽이의 원형 3단에 남아 있는 뒤 반 코들을 머리의 원형 11단, 눈과 눈 사이에 꿰매어주세요.
- 원한다면 아기의 머리에 리본을 꿰매어주어도 좋아요.

어버이날을 기념하며!

로라와 핀이에요. 끌로에 메이드의 디자인입니다.

엄마와 아빠는 우리의 영웅이에요! 직접 만든 카드와 꽃다발을 준비하고 엄마와 아빠를 꽉 껴안으며 "사랑해요"라고 말해보세요. 엄마와 아빠는 여러분이 준비한 선물을 받고 정말 행복해하실 거예요. 그런데 부모님을 가장 행복하게 만드는 게 뭔지 아세요? 바로 아이들의 웃는 모습이에요!

난이도: ★★
사이즈: 기재된 실로 만들 경우
여자아이 24cm, 남자아이 23cm

아미구루미 갤러리: 사진을 공유하고 아이디어를 얻기 위해 QR코드를 스캔하거나 www.amigurumi.com/3608에 방문해주세요.

어버이날을 기념하며! 73

꽃을 들고 있는 로라를 만들기 위해 준비해주세요

합태사
- ● 갈색
- ● 피부색
- ○ 흰색
- ● 연분홍색
- ● 진분홍색
- ● 연보라색
- ● 진보라색
- ● 파란색
- ● 빨간색
- ● 주황색
- ● 초록색

코바늘 사이즈 2.5mm
나사형 단추눈(7mm)
단수링
인조 섬유 솜

[로라]

다리 (2개 만들기, 흰색 실로 시작)

사슬뜨기로 8코 떠주세요. 기초 사슬코의 양쪽을 돌아가며 뜹니다.

원형 1단 코바늘에서 2번째 사슬코에서 시작, 시작 사슬코에 코늘리기, 다음 5코에 짧은뜨기, 다음 코에 짧은뜨기 4. 계속해서 기초 사슬코의 나머지 한쪽에 뜨기, 다음 5코에 짧은뜨기, 다음 코에 코늘리기 [18]

원형 2단 다음 2코에 코늘리기, 다음 5코에 짧은뜨기, 다음 4코에 코늘리기, 다음 5코에 짧은뜨기, 다음 2코에 코늘리기 [26]

원형 3단 다음 2코에 코늘리기, 다음 10코에 짧은뜨기, 다음 코에 코늘리기, 다음 코에 짧은뜨기, 다음 코에 코늘리기, 다음 10코에 짧은뜨기, 다음 코에 코늘리기 [31]

원형 4단 31코 모두 뒤 반 코에만 짧은뜨기 [31]

원형 5단 다음 11코에 짧은뜨기, 코줄이기 2번, 다음 코에 짧은뜨기, 코줄이기 2번, 다음 11코에 짧은뜨기 [27]

원형 6단 다음 10코에 짧은뜨기, 코줄이기 5번, 다음 7코에 짧은뜨기 [22]

원형 7단 다음 10코에 짧은뜨기, 코줄이기 2번, 다음 8코에 짧은뜨기 [20]

피부색 실로 교체해주세요. 흰색 실은 자르지 않고 편물의 바깥쪽으로 빼주세요. 나중에 신발의 윗부분을 떠줄 거예요 (사진 1 - 2).

원형 8단 뒤 반 코에만 (코줄이기, 다음 3코에 짧은뜨기) 4번 반복 [16]

원형 9 - 10단 16코 모두 짧은뜨기 [16]

발에 솜을 넣어주세요. 방금 뜬 코에 단수링을 걸어주세요. 발의 윗부분이 아래로 가도록 놓아주세요. 원형 8단의 남은 앞 반 코들 중 첫 번째 앞 반 코에 코바늘을 넣고 편물 바깥쪽에 남겨둔 흰색 실의 고리를 당겨 올려주세요 (사진 3).

원형 8단의 앞 반 코들 16코 모두 앞 반 코에만 빼뜨기 (사진 4)

실을 정리하고 실 끝을 꿰어서 숨겨주세요. 계속해서 발의 윗부분이 아래를 향하도록 둡니다. 원형 4단의 첫 번째 앞 반 코에 코바늘을 넣고 연분홍색 실의 고리를 당겨 올려주세요 (사진 5).

원형 4단의 앞 반 코들 31코 모두 앞 반 코에만 빼뜨기 [31]

실을 정리하고 실 끝을 꿰어서 숨겨주세요. 피부색 실의 단수링에 걸어둔 코를 줍고 계속해서 다리를 떠주세요.

원형 11 - 23단 16코 모두 짧은뜨기 [16]

다음 4코에 짧은뜨기를 뜨고, 흰색 실로 교체하고, 단수링을 첫 번째 흰색 코로 옮겨주세요. 여기가 단의 새로운 시작점이에요.

원형 24 - 27단 16코 모두 짧은뜨기 [16]

첫 번째(왼쪽) 다리의 실을 정리하고, 실 꼬리를 길게 남겨주세요. 두 번째(오른쪽) 다리의 다음 8코에 짧은뜨기를 해주세요. 실을 정리하지 않습니다. 다음 단에서 양쪽 다리를 연결하여 몸통을 만들어줄 거예요.

1 2 3 4

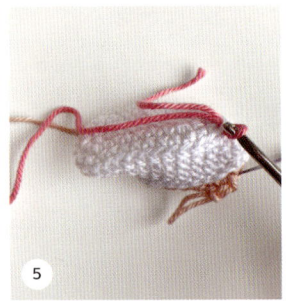

몸통과 머리 (흰색 실로 시작)

발끝이 여러분의 반대쪽을 향하도록 두고 두 다리를 나란히 놓아주세요.

원형 28단 왼쪽 다리의 첫 번째 코에 짧은뜨기, 왼쪽 다리의 다음 15코에 짧은뜨기, 오른쪽 다리의 첫 번째 코에 짧은뜨기, 오른쪽 다리의 다음 15코에 짧은뜨기 [32] (사진 6)

첫 번째 다리의 실 꼬리로 양쪽 다리 사이의 구멍을 꿰매어주세요. 두 다리에 솜을 넣어주고 계속해서 몸통을 떠주세요.

원형 29단 (다음 3코에 짧은뜨기, 다음 코에 코늘리기) 8번 반복 [40]

원형 30-32단 40코 모두 짧은뜨기 [40]

피부색 실로 교체해주세요.

원형 33단 40코 모두 뒤 반 코에만 짧은뜨기 [40]

원형 34단 40코 모두 짧은뜨기 [40]

연분홍색 실로 교체해주세요.

원형 35-39단 40코 모두 짧은뜨기 [40]

원형 40단 (다음 8코에 짧은뜨기, 코줄이기) 4번 반복 [36]

원형 41-44단 36코 모두 짧은뜨기 [36]

원형 45단 (다음 4코에 짧은뜨기, 코줄이기) 6번 반복 [30]

원형 46단 (다음 3코에 짧은뜨기, 코줄이기) 6번 반복 [24]

몸통에 솜을 넣고 계속 뜨면서 솜을 넣어주세요.

원형 47단 24코 모두 짧은뜨기 [24]

피부색 실로 교체해주세요. 연분홍색 실을 자르지 않고 편물의 바깥쪽으로 빼주세요. 나중에 티셔츠의 칼라를 떠줄 거예요 (사진 7).

원형 48단 뒤 반 코에만 (다음 2코에 짧은뜨기, 코줄이기) 6번 반복 [18]

원형 49단 18코 모두 짧은뜨기 [18]

방금 뜬 코에 단수링을 걸어주세요. 다리가 달린 몸통이 여러분의 반대쪽을 향하도록 놓아주세요. 원형 48단의 남은 앞 반 코들 중 첫 번째 앞 반 코에 코바늘을 넣고 편물 바깥쪽에 있는 연분홍색 실의 고리를 당겨 올려주세요.

원형 48단의 앞 반 코들 18코 모두 빼뜨기 [18] (사진 8)

실을 정리하고 실 끝을 꿰어서 숨겨주세요. 몸통을 세워주세요. 피부색 실의 단수링에 걸어둔 코를 줍고 계속해서 머리를 떠주세요.

원형 50단 (다음 2코에 짧은뜨기, 다음 코에 코늘리기) 6번 반복 [24]

원형 51단 (다음 3코에 짧은뜨기, 다음 코에 코늘리기) 6번 반복 [30]

원형 52단 (다음 2코에 짧은뜨기, 다음 코에 코늘리기, 다음 2코에 짧은뜨기) 6번 반복 [36]

원형 53단 (다음 5코에 짧은뜨기, 다음 코에 코늘리기) 6번 반복 [42]

어버이날을 기념하며! 75

원형 54단 (다음 3코에 짧은뜨기, 다음 코에 코늘리기, 다음 3코에 짧은뜨기) 6번 반복 [48]

원형 55단 (다음 7코에 짧은뜨기, 다음 코에 코늘리기) 6번 반복 [54]

원형 56단 (다음 4코에 짧은뜨기, 다음 코에 코늘리기, 다음 4코에 짧은뜨기) 6번 반복 [60]

원형 57-70단 60코 모두 짧은뜨기 [60]

원형 60단과 61단 사이에 6코 간격으로 나사형 단추눈을 넣어주세요.

원형 71단 (다음 4코에 짧은뜨기, 코줄이기, 다음 4코에 짧은뜨기) 6번 반복 [54]

원형 72단 (다음 7코에 짧은뜨기, 코줄이기) 6번 반복 [48]

원형 73단 (다음 3코에 짧은뜨기, 코줄이기, 다음 3코에 짧은뜨기) 6번 반복 [42]

원형 74단 (다음 5코에 짧은뜨기, 코줄이기) 6번 반복 [36]

원형 75단 (다음 2코에 짧은뜨기, 코줄이기, 다음 2코에 짧은뜨기) 6번 반복 [30]

원형 76단 (다음 3코에 짧은뜨기, 코줄이기) 6번 반복 [24]

머리에 솜을 넣어주고 계속 뜨면서 솜을 넣어주세요.

원형 77단 (다음 코에 짧은뜨기, 코줄이기, 다음 코에 짧은뜨기) 6번 반복 [18]

원형 78단 (다음 코에 짧은뜨기, 코줄이기) 6번 반복 [12]

원형 79단 코줄이기 6번 [6]

실을 정리하고 실 끝을 꿰어서 숨겨주세요. 피부색 실로 원형 58-59단 위에 코를 수놓아주세요.

팔 (2개 만들기, 피부색 실로 시작)

원형 1단 매직링에 짧은뜨기 5로 시작 [5]

원형 2단 5코 모두 코늘리기 [10]

원형 3단 10코 모두 짧은뜨기 [10]

원형 4단 (다음 2코에 짧은뜨기, 다음 코에 코늘리기) 3번 반복, 다음 코에 짧은뜨기 [13]

원형 5단 13코 모두 짧은뜨기 [13]

팔에 솜을 넣고 계속 뜨면서 솜을 넣어주세요.

원형 6단 다음 6코에 짧은뜨기, 다음 코에 한길긴뜨기 4코 구슬뜨기, 다음 6코에 짧은뜨기 [13]

원형 7단 (다음 4코에 짧은뜨기, 다음 코에 코늘리기) 2번 반복, 다음 3코에 짧은뜨기 [15]

원형 8단 15코 모두 짧은뜨기 [15]

원형 9단 (다음 3코에 짧은뜨기, 코줄이기) 3번 반복 [12]

원형 10-17단 12코 모두 짧은뜨기 [12]

연분홍색 실로 교체해주세요. 팔에 솜을 그만 넣어주세요.

원형 18-22단 12코 모두 짧은뜨기 [12]

원형 23단 (다음 코에 짧은뜨기, 코줄이기) 4번 반복 [8]

실을 정리하고, 꿰맬 수 있도록 실 꼬리를 길게 남겨주세요. 두 팔을 납작하게 만들고 몸통의 양 옆 원형 15단에서 18단 위에 꿰매어주세요(사진 9).

머리카락 (진갈색 실로 떠주세요)

원형 1단 매직링에 짧은뜨기 6으로 시작 [6]

원형 2단 6코 모두 코늘리기 [12]

원형 3단 (다음 코에 짧은뜨기, 다음 코에 코늘리기) 6번 반복 [18]

원형 4단 (다음 코에 짧은뜨기, 다음 코에 코늘리기, 다음 코에 짧은뜨기) 6번 반복 [24]

원형 5단 (다음 3코에 짧은뜨기, 다음 코에 코늘리기) 6번 반복 [30]

원형 6단 (다음 2코에 짧은뜨기, 다음 코에 코늘리기, 다음 2코에 짧은뜨기) 6번 반복 [36]

원형 7단 (다음 5코에 짧은뜨기, 다음 코에 코늘리기) 6번 반복 [42]

원형 8단 (다음 3코에 짧은뜨기, 다음 코에 코늘리기, 다음 3코에 짧은뜨기) 6번 반복 [48]

원형 9단 (다음 7코에 짧은뜨기, 다음 코에 코늘리기) 6번 반복 [54]

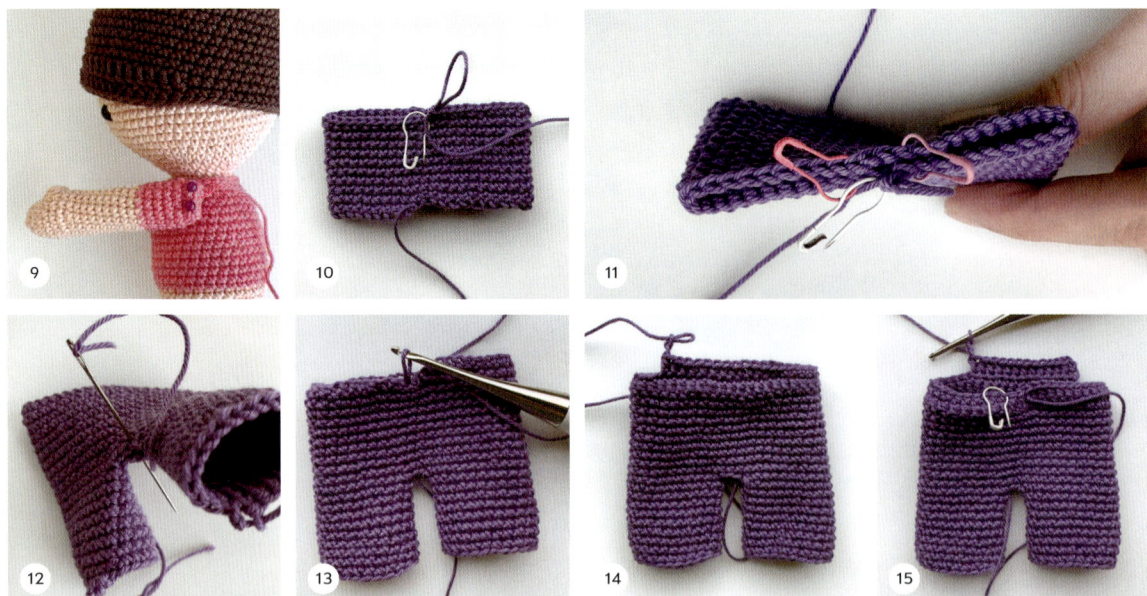

원형 10단 (다음 4코에 짧은뜨기, 다음 코에 코늘리기, 다음 4코에 짧은뜨기) 6번 반복 [60]

원형 11-20단 60코 모두 짧은뜨기 [60]

원형 21단 다음 14코에 한길긴뜨기, 다음 2코에 빼뜨기, 다음 14코에 한길긴뜨기, 다음 30코에 짧은뜨기 [60]

원형 22단 다음 14코에 긴뜨기, 다음 2코에 빼뜨기, 다음 14코에 긴뜨기, 다음 30코에 짧은뜨기 [60]

실을 정리하고, 꿰맬 수 있도록 실 꼬리를 길게 남겨주세요.

양 갈래 올림머리 (2개 만들기, 진갈색 실로 떠주세요)

원형 1단 매직링에 짧은뜨기 6으로 시작 [6]

원형 2단 6코 모두 코늘리기 [12]

원형 3단 (다음 코에 짧은뜨기, 다음 코에 코늘리기) 6번 반복 [18]

원형 4단 (다음 코에 짧은뜨기, 다음 코에 코늘리기, 다음 코에 짧은뜨기) 6번 반복 [24]

원형 5단 (다음 3코에 짧은뜨기, 다음 코에 코늘리기) 6번 반복 [30]

원형 6-10단 30코 모두 짧은뜨기 [30]

실을 정리하고, 꿰맬 수 있도록 실 꼬리를 길게 남겨주세요. 양쪽 올림머리에 솜을 넣고 머리카락의 윗부분에 꿰매어주세요. 사진에서와 같이 원형 3-13단에 8코 간격으로 꿰매어주세요. 머리카락을 머리에 꿰매어주세요. 양쪽 눈에서 2단 올라간 위치에 꿰매어주면 됩니다.

멜빵바지 (연보라색 실로 시작)

사슬뜨기로 44코 뜨고 빼뜨기로 연결하여 원을 만들어주세요.

원형 1-9단 44코 모두 짧은뜨기 [44]

원형 10단 (다음 10코에 짧은뜨기, 다음 코에 코늘리기) 4번 반복 [48]

편물을 납작하게 만들고, 편물의 중앙에 단수링을 걸어주세요(사진 10). 바지통 하나당 22코로 편물을 나누고, 양쪽 바지통 사이에 4코 (앞쪽에 2코, 뒤쪽에 2코)를 남겨주세요(사진 11). 계속해서 첫 번째 다리를 떠주세요.

첫 번째 다리

원형 11단 다음 22코에 짧은뜨기 [22] / 남은 코들은 뜨지 않고 남겨두세요.

계속해서 방금 뜬 22코에만 원형뜨기로 떠주세요.

원형 12-20단 22코 모두 짧은뜨기 [22]

실을 정리하고 실 끝을 꿰어서 숨겨주세요.

두 번째 다리

시작 실 꼬리를 길게 남겨주세요. 두 번째 다리로 표시해둔 코에서 연보라색 실의 고리를 당겨 올려주세요.

원형 11-20단 첫 번째 다리 만들기 부분을 반복해주세요.

실을 정리하고 실 끝을 꿰어서 숨겨주세요. 두 번째 다리의 시작 실 꼬리로 양쪽 다리 사이를 꿰매어서 막아주세요(사진 12).

멜빵바지 앞부분(연보라색 실로 시작)

멜빵바지 시작 사슬코의 나머지 한쪽에서 시작해주세요. 시작 사슬코 첫 번째 코에서 연보라색 실의 고리를 당겨 올려주세요(사진 13).

원형 1단 44코 모두 짧은뜨기 [44]

계속해서 단뜨기로 떠주세요.

2단 다음 16코에 짧은뜨기, 다음 12코에 긴뜨기, 사슬뜨기 2, 편물 돌리기 [28] (사진 14) / 남은 코들은 뜨지 않고 남겨두세요.

3-4단 다음 12코에 긴뜨기, 사슬뜨기 2, 편물 돌리기 [12] (사진 15)

다음 단에서 멜빵바지의 양쪽 끈을 만들 거예요.

5단 다음 12코에 긴뜨기, 사슬뜨기 20, 코바늘에서 2번째 사슬코에서 시작, 다음 19 사슬코에 빼뜨기, 나머지 하나의 끈을 만들기 위해 맞은편 모서리 방향으로 멜빵바지 앞부분 상단의 다음 12코에 빼뜨기, 사슬뜨기 20, 코바늘에서 2번째 사슬코에서 시작, 다음 19사슬코에 빼뜨기, 멜빵바지 앞부분의 옆면 5단의 세로 가장자리에 빼뜨기, 멜빵바지 부분의 다음 16코에 짧은뜨기.

실을 정리하고 실 끝을 꿰어서 숨겨주세요. 멜빵바지 앞부분의 나머지 옆면에서 연보라색 실의 고리를 당겨 올리고, 5단의 세로 가장자리에 빼뜨기 하여 말끔하게 정리해주세요. 멜빵바지의 양쪽 끈을 멜빵바지의 뒤쪽에 꿰매어주세요. 실을 정리하고 실 끝을 꿰어서 숨겨주세요.

꽃 1 (7개 만들기, 빨간색, 주황색, 연보라색, 진보라색, 파란색, 연분홍색, 진분홍색 실로 각각 1개씩)

사슬뜨기로 21코 떠주세요. 단뜨기로 뜹니다.

1단 코바늘에서 6번째 사슬코에서 시작, 시작 사슬코에 짧은뜨기, (사슬뜨기 2, 2사슬코 건너뛰기, 다음 코에 짧은뜨기) 5번 반복, 사슬뜨기 2, 편물 돌리기 [꽃잎 6개] (사진 16)

2단 (다음 사슬 2코 구멍에 한길긴뜨기 5, 다음 코에 짧은뜨기) 5번 반복, 다음 사슬코 구멍에 한길긴뜨기 5+짧은뜨기 [36] (사진 17)

실을 정리하고, 꿰맬 수 있도록 실 꼬리를 길게 남겨주세요. 2단을 뜰 때 여러분이 마주하는 면이 앞면이에요. 앞면이 여러분을 향하도록 두고 꽃을 말아주세요. 꽃이 풀어지지 않도록 시작 실 꼬리와 끝부분의 실 꼬리로 꽃의 아랫부분을 단단히 꿰매어주세요(사진 18-19).

꽃 2 (7개 만들기, 빨간색, 주황색, 연보라색, 진보라색, 파란색, 연분홍색, 진분홍색 실로 각각 1개씩)

원형 1단 매직링에 짧은뜨기 4로 시작 [4]

원형 2단 4코 모두 코늘리기 [8]

원형 3단 8코 모두 짧은뜨기 [8]

원형 4단 8코 모두 빼뜨기+사슬 4코 피코뜨기 [꽃잎 8개]

실을 정리하고, 꿰맬 수 있도록 실 꼬리를 길게 남겨주세요. 노란색 실을 가지고 끝부분에 매듭을 만들어주세요. 그 실을 돗바늘에 꿰고 꽃의 중앙에 통과시켜주세요(사진 20). 꿰맬 수 있도록 실 꼬리를 길게 남겨주세요.

꽃 3 (7개 만들기, 각각의 꽃은 노란색 실로 시작)

원형 1단 매직링에 짧은뜨기 10으로 시작 [10]

원형 2단 꽃 색깔 바꾸기[빨간색, 주황색, 연보라색, 진보라색, 파란색, 연분홍색, 진분홍색 실로 각각 1개씩(사진 21)], 다음 코에 긴뜨

기, [사슬뜨기 3, 다음 코에 두길긴뜨기 2, 다음 코에 두길긴뜨기 2+사슬뜨기 3+빼뜨기(사진 22)] 4번 반복 [꽃잎 4개]
실을 정리하고, 꿰맬 수 있도록 실 꼬리를 길게 남겨주세요.

잎사귀(4개 만들기, 초록색 실로 시작)

사슬뜨기로 9코 떠주세요. 단뜨기로 뜹니다.
1단 코바늘에서 2번째 사슬코에서 시작, 8사슬코 모두 빼뜨기 [8]
실을 정리하고, 꿰맬 수 있도록 실 꼬리를 길게 남겨주세요.

잎(3개 만들기, 초록색 실로 떠주세요)

사슬뜨기로 7코 떠주세요. 기초 사슬코의 양쪽을 돌아가며 뜹니다.
원형 1단 코바늘에서 2번째 사슬코에서 시작, 다음 코에 빼뜨기, 다음 코에 짧은뜨기, 다음 코에 긴뜨기, 다음 2코에 한길긴뜨기, 다음 코에 한길긴뜨기 3. 계속해서 기초 사슬코의 나머지 한쪽에 뜨기, 다음 코에 한길긴뜨기 2, 다음 2코에 한길긴뜨기, 다음 코에 긴뜨기, 다음 코에 짧은뜨기, 다음 코에 빼뜨기 [15]
실을 정리하고, 꿰맬 수 있도록 실 꼬리를 길게 남겨주세요.

꽃다발(초록색 실로 시작)

원형 1단 매직링에 짧은뜨기 5로 시작 [5]
원형 2단 5코 모두 코늘리기 [10]
원형 3단 10코 모두 한길긴뜨기 2 [20]
원형 4단 뒤 반 코에만(다음 코에 한길긴뜨기, 다음 코에 한길긴뜨

기 2) 10번 반복 [30]

원형 5단 뒤 반 코에만(다음 2코에 한길긴뜨기, 다음 코에 한길긴뜨기 2) 10번 반복 [40]

원형 6단 뒤 반 코에만(다음 4코에 한길긴뜨기, 다음 코에 한길긴뜨기 2) 8번 반복 [48]

원형 7단 이번 단에서는 뒤 반 코에만 뜨기, 다음 38코에 한길긴뜨기, 다음 5코에 긴뜨기, 다음 5코에 짧은뜨기 [48]

흰색 실로 교체해주세요.

원형 8-10단 48코 모두 짧은뜨기 [48]

여기서 멈추고 꽃과 잎사귀, 잎 모두를 초록색 부분의 위쪽에 꿰매어주세요. 각 꽃의 시작 실 꼬리와 끝부분의 실 꼬리로 편물의 안쪽에 매듭을 지어서 고정시켜줍니다(사진 23-28).

원형 11단 48코 모두 짧은뜨기 [48]

원형 12단 (다음 6코에 짧은뜨기, 코줄이기) 6번 반복 [42]

원형 13단 42코 모두 짧은뜨기 [42]

원형 14단 (다음 5코에 짧은뜨기, 코줄이기) 6번 반복 [36]

원형 15-16단 36코 모두 짧은뜨기 [36]

원형 17단 (다음 10코에 짧은뜨기, 코줄이기) 3번 반복 [33]

원형 18단 33코 모두 짧은뜨기 [33]

원형 19단 (다음 9코에 짧은뜨기, 코줄이기) 3번 반복 [30]

원형 20단 30코 모두 짧은뜨기 [30]

꽃다발에 솜을 넣고 계속 뜨면서 솜을 넣어주세요.

원형 21단 (다음 8코에 짧은뜨기, 코줄이기) 3번 반복 [27]

원형 22단 27코 모두 짧은뜨기 [27]

원형 23단 (다음 7코에 짧은뜨기, 코줄이기) 3번 반복 [24]

원형 24단 (다음 2코에 짧은뜨기, 코줄이기) 6번 반복 [18]

초록색 실로 교체해주세요.

원형 25단 (다음 코에 짧은뜨기, 코줄이기) 6번 반복 [12]

원형 26단 이번 단에서는 앞 반 코에만 뜨기, (사슬뜨기 8, 코바늘에서 2번째 사슬코에서 시작, 다음 7코에 빼뜨기, 꽃다발 부분의 다음 코에 짧은뜨기, 사슬뜨기 6, 코바늘에서 2번째 사슬코에서 시작, 다음 5코에 빼뜨기, 꽃다발 부분의 다음 코에 짧은뜨기, 사슬뜨기 9, 코바늘에서 2번째 사슬코에서 시작, 다음 8코에 빼뜨기, 꽃다발 부분의 다음 코에 짧은뜨기, 사슬뜨기 5, 코바늘에서 2번째 사슬코에서 시작, 다음 4코에 빼뜨기, 꽃다발 부분의 다음 코에 짧은뜨기) 3번 반복 [12]

원형 27단 뒤 반 코에만 코줄이기 6번 [6]

실을 정리하고, 실 꼬리를 남겨주세요. 돗바늘로 남은 코들의 앞 반 코에 실 꼬리를 꿰어준 다음 바짝 당겨서 조여주세요. 실 끝을 꿰어서 숨겨주세요.

분홍색 실로 꽃다발의 아랫부분을 여러 번 감아서 색깔을 교체한 부분을 가려주세요. 나비 모양의 매듭을 만들어주면 완성입니다.

트로피를 들고 있는 핀을 만들기 위해 준비해주세요

합태사
- 갈색
- 피부색
- 흰색
- 파란색
- 초록색
- 노란색

코바늘 사이즈 2.5mm
나사형 단추눈(7mm)
단수링
인조 섬유 솜

[핀]

로라의 다리, 몸통과 머리, 팔, 머리카락, 멜빵바지 만들기 부분을 반복해주세요. 핀의 경우 양 갈래 올림머리는 만들지 않습니다.

트로피(노란색 실로 시작)

원형 1단 매직링에 짧은뜨기 6으로 시작 [6]

원형 2단 6코 모두 코늘리기 [12]

원형 3단 12코 모두 짧은뜨기 [12]

원형 4단 (다음 코에 짧은뜨기, 다음 코에 코늘리기) 6번 반복 [18]

원형 5단 (다음 코에 짧은뜨기, 다음 코에 코늘리기, 다음 코에 짧은뜨기) 6번 반복 [24]

원형 6단 (다음 3코에 짧은뜨기, 다음 코에 코늘리기) 6번 반복 [30]

원형 7단 (다음 2코에 짧은뜨기, 다음 코에 코늘리기, 다음 2코에 짧은뜨기) 6번 반복 [36]

원형 8단 (다음 5코에 짧은뜨기, 다음 코에 코늘리기) 6번 반복 [42]

원형 9단 (다음 3코에 짧은뜨기, 다음 코에 코늘리기, 다음 3코에 짧은뜨기) 6번 반복 [48]

원형 10-13단 48코 모두 짧은뜨기 [48]

원형 14단 (다음 7코에 짧은뜨기, 다음 코에 코늘리기) 6번 반복 [54]

원형 15-19단 54코 모두 짧은뜨기 [54] (사진 29)

트로피의 안쪽이 밖으로 나오도록 뒤집고 계속해서 같은 방향으로 떠주세요 (사진 30).

원형 20단 뒤 반 코에만(다음 8코에 짧은뜨기, 다음 코에 코늘리기) 6번 반복 [60]

원형 21단 뒤 반 코에만(다음 28코에 짧은뜨기, 코줄이기) 2번 반복 [58]

원형 22-25단 58코 모두 짧은뜨기 [58]

원형 26단 (다음 12코에 짧은뜨기, 코줄이기) 4번 반복, 다음 2코에 짧은뜨기 [54]

원형 20단에서 25단을 위쪽으로 접고(사진 31) 계속 떠주세요.

원형 27-31단 54코 모두 짧은뜨기 [54]

원형 32단 (다음 7코에 짧은뜨기, 코줄이기) 6번 반복 [48]

원형 33단 (다음 3코에 짧은뜨기, 코줄이기, 다음 3코에 짧은뜨기) 6번 반복 [42]

원형 34단 (다음 5코에 짧은뜨기, 코줄이기) 6번 반복 [36]

원형 35단 36코 모두 짧은뜨기 [36]

원형 36단 (다음 2코에 짧은뜨기, 코줄이기, 다음 2코에 짧은뜨기) 6번 반복 [30]

원형 37단 30코 모두 짧은뜨기 [30]

원형 38단 (다음 3코에 짧은뜨기, 코줄이기) 6번 반복 [24]

원형 39단 (다음 2코에 짧은뜨기, 다음 코에 코늘리기) 8번 반복 [32]

원형 40단 (다음 3코에 짧은뜨기, 다음 코에 코늘리기) 8번 반복 [40]

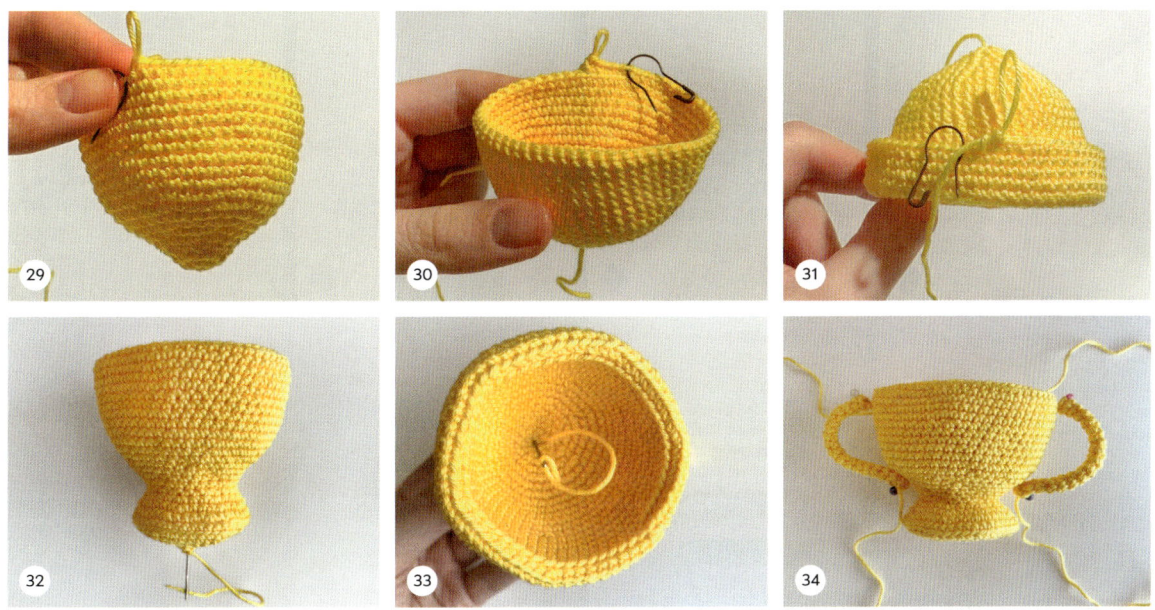

원형 41단 (다음 2코에 짧은뜨기, 다음 코에 코늘리기, 다음 2코에 짧은뜨기) 8번 반복 [48]
원형 42단 48코 모두 짧은뜨기 [48]
원형 43단 뒤 반 코에만 (다음 6코에 짧은뜨기, 코줄이기) 6번 반복 [42]
원형 44단 (다음 5코에 짧은뜨기, 코줄이기) 6번 반복 [36]
원형 45단 (다음 4코에 짧은뜨기, 코줄이기) 6번 반복 [30]
원형 46단 (다음 3코에 짧은뜨기, 코줄이기) 6번 반복 [24]
트로피의 모양이 잡히도록 아래쪽에 솜을 가볍게 넣어주세요(사진 32).
원형 47단 (다음 2코에 짧은뜨기, 코줄이기) 6번 반복 [18]
원형 48단 (다음 코에 짧은뜨기, 코줄이기) 6번 반복 [12]
원형 49단 코줄이기 6번 [6]
실을 정리하고, 실 꼬리를 남겨주세요. 돗바늘로 남은 코들의 앞 반 코에 실 꼬리를 꿰어주고 바짝 당겨서 조여주세요. 실 꼬리를 트로피에 통과시켜서 바닥을 납작하게 만들어주세요(사진 33). 실 끝을 꿰어서 숨겨주세요.

손잡이 (2개 만들기, 노란색 실로 시작)

시작 실 꼬리를 길게 남겨주세요.
원형 1단 매직링에 짧은뜨기 4로 시작 [4]
원형 2-18단 4코 모두 짧은뜨기 [4]
실을 정리하고, 꿰맬 수 있도록 실 꼬리를 길게 남겨주세요(사진 34). 손잡이의 위쪽을 트로피의 상단 가장자리에서 2-3단 떨어진 곳에, 손잡이의 아래쪽을 트로피의 상단 가장자리에서 14-15단 떨어진 곳에 달아주세요. 갈색 실로 원형 24-31단 위에 문구를 수놓아주세요.

성대한 생일 파티를 준비해요!

15번째 생일을 맞이한 로살리아예요. 아무어 푸의 디자인입니다.

라틴 아메리카에서는 여자아이가 15번째 생일을 맞이하면 성대한 생일 파티를 연답니다. 로살리아는 오랫동안 자신의 15번째 생일 파티를 꿈꿔왔어요. 로살리아는 가족들의 도움을 받아 세심하게 모든 것을 준비하고 있어요. 메뉴와 자리 배치, 꽃을 계획하는 것은 물론이고, 아름다운 파티 드레스와 그에 어울리는 케이크까지 주문했어요. 마치 진짜 공주가 된 것 같은 느낌일 거예요.

난이도: ★(★)
사이즈: 기재된 실로 만들 경우 높이 17cm

아미구루미 갤러리: 사진을 공유하고 아이디어를 얻기 위해 QR코드를 스캔하거나 www.amigurumi.com/3609에 방문해주세요.

준비해주세요

중세사
- 피부색
- 연갈색
- 흰색
- 연분홍색
- 분홍색
- 진분홍색

코바늘 사이즈 2mm
나사형 단추눈(6mm)
돗바늘
단수링
인조 섬유 솜

다리 (2개 만들기, 피부색 실로 시작)

원형 1단 매직링에 짧은뜨기 6으로 시작 [6]

원형 2단 6코 모두 코늘리기 [12]

다리에 솜을 넣고 계속 뜨면서 솜을 넣어주세요.

원형 3 - 20단 12코 모두 짧은뜨기 [12]

흰색 실로 교체해주세요.

원형 21단 12코 모두 뒤 반 코에만 짧은뜨기 [12]

첫 번째 다리는 실을 정리하고 실 끝을 꿰어서 숨겨주세요. 두 번째 다리의 실은 정리하지 않습니다. 다음 단에서 양쪽 다리를 연결하여 몸통을 만들어줄 거예요.

몸통 (흰색 실로 시작)

원형 22단 사슬뜨기 3, 첫 번째 다리의 다음 코에 짧은뜨기해서 연결하기(사진 1), 첫 번째 다리의 다음 11코에 짧은뜨기, 3사슬코 모두 짧은뜨기(사진 2), 두 번째 다리의 다음 12코에 짧은뜨기, 다음 3사슬코의 나머지 한쪽에 짧은뜨기(사진 3) [30]

원형 23단 (다음 4코에 짧은뜨기, 다음 코에 코늘리기) 6번 반복 [36]

원형 24 - 28단 36코 모두 짧은뜨기 [36]

연분홍색 실로 교체해주세요.

원형 29단 (다음 4코에 짧은뜨기, 코줄이기) 6번 반복 [30]

흰색 실로 교체해주세요.

원형 30단 30코 모두 뒤 반 코에만 짧은뜨기 [30]

원형 31단 30코 모두 짧은뜨기 [30]

연분홍색 실로 교체해주세요.

원형 32단 30코 모두 뒤 반 코에만 짧은뜨기 [30]

원형 33단 (다음 3코에 짧은뜨기, 코줄이기) 6번 반복 [24]

몸통에 솜을 넣어주고 계속 뜨면서 솜을 넣어주세요.

원형 34 - 36단 24코 모두 짧은뜨기 [24]

원형 37단 (다음 2코에 짧은뜨기, 코줄이기) 6번 반복 [18]

원형 38 - 39단 18코 모두 짧은뜨기 [18]

피부색 실로 교체해주세요.

원형 40단 18코 모두 뒤 반 코에만 짧은뜨기 [18]

원형 41단 (다음 코에 짧은뜨기, 코줄이기) 6번 반복 [12]

원형 42 - 46단 12코 모두 짧은뜨기 [12]

실을 정리하지 마세요. 계속해서 머리를 떠주세요.

머리 (피부색 실로 떠주세요)

원형 47단 12코 모두 코늘리기 [24]

원형 48단 (다음 코에 짧은뜨기, 다음 코에 코늘리기) 12번 반복 [36]

목 부분에 솜을 꼼꼼히 넣어주세요.

원형 49단 (다음 5코에 짧은뜨기, 다음 코에 코늘리기) 6번 반복 [42]

원형 50 - 51단 42코 모두 짧은뜨기 [42]

원형 52단 다음 25코에 짧은뜨기, 다음 코에 한길긴뜨기 5코 구슬뜨기(코가 될 거예요, 반드시 양쪽 다리 사이 가운데에 위치해야 해요), 다음 16코에 짧은뜨기 [42]

원형 53 - 62단 42코 모두 짧은뜨기 [42]

 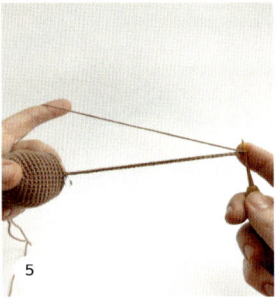  

코 한 단 위에 8코 간격으로 나사형 단추눈을 넣어주세요. 연분홍색 실로 양쪽 뺨을 수놓아주세요.

원형 63단 (다음 5코에 짧은뜨기, 코줄이기) 6번 반복 [36]

머리에 솜을 넣고 계속 뜨면서 솜을 넣어주세요.

원형 64단 (다음 4코에 짧은뜨기, 코줄이기) 6번 반복 [30]

원형 65단 (다음 3코에 짧은뜨기, 코줄이기) 6번 반복 [24]

원형 66단 (다음 2코에 짧은뜨기, 코줄이기) 6번 반복 [18]

원형 67단 (다음 코에 짧은뜨기, 코줄이기) 6번 반복 [12]

원형 68단 코줄이기 6번 [6]

실을 정리하고, 실 꼬리를 남겨주세요. 돗바늘로 남은 코들의 앞 반 코에 실 꼬리를 꿰어준 다음 바짝 당겨서 조여주세요. 실 끝을 꿰어서 숨겨주세요.

스커트의 첫 번째 단 (연분홍색 실로 떠주세요)

다리가 달린 몸통이 여러분의 반대 방향을 향하도록 두고, 인형의 뒤쪽에서 원형 30단의 남은 앞 반 코들 중 하나에서 연분홍색 실의 고리를 당겨 올려주세요.

원형 1단 30코 모두 앞 반 코에만 짧은뜨기 [30]

원형 2단 (다음 4코에 짧은뜨기, 다음 코에 코늘리기) 6번 반복 [36]

원형 3단 36코 모두 짧은뜨기 [36]

원형 4단 (다음 5코에 짧은뜨기, 다음 코에 코늘리기) 6번 반복 [42]

원형 5단 42코 모두 앞 반 코에만 짧은뜨기 [42]

원형 6단 다음 42코에 코늘리기 [84]

원형 7단 (다음 2코에 짧은뜨기, 다음 코에 코늘리기) 28번 반복 [112]

원형 8-12단 112코 모두 짧은뜨기 [112]

실을 정리하고 실 끝을 꿰어서 숨겨주세요.

스커트의 두 번째 단 (분홍색 실로 떠주세요)

스커트의 첫 번째 단 아래에 두 번째 단을 떠주세요. 그렇게 하려면 다리가 달린 인형의 몸통이 여러분의 반대 방향을 향하도록 두고 스커트의 첫 번째 단을 아래로 접어주세요. 인형의 뒤쪽에서 스커트 첫 번째 단의 원형 5단에 남아 있는 뒤 반 코들 중 하나에서 분홍색 실의 고리를 당겨 올려주세요(사진 4).

원형 1단 42코 모두 뒤 반 코에만 짧은뜨기 [42]

원형 2-7단 42코 모두 짧은뜨기 [42]

원형 8단 42코 모두 앞 반 코에만 짧은뜨기 [42]

원형 9단 42코 모두 코늘리기 [84]

성대한 생일 파티를 준비해요! 85

원형 10단 (다음 2코에 짧은뜨기, 다음 코에 코늘리기) 28번 반복 [112]

원형 11-18단 112코 모두 짧은뜨기 [112]

실을 정리하고 실 끝을 꿰어서 숨겨주세요.

스커트의 세 번째 단(진분홍색 실로 떠주세요)

스커트의 두 번째 단 아래에 세 번째 단을 떠주세요. 그렇게 하려면 다리가 달린 인형의 몸통이 여러분의 반대쪽을 향하도록 두고 스커트의 두 번째 단을 아래로 접어주세요. 인형의 뒤쪽에서 스커트 두 번째 단의 원형 8단에 남아 있는 뒤 반 코들 중 하나에서 진분홍색 실의 고리를 당겨 올려주세요.

원형 1-18단 스커트의 두 번째 단 만들기 부분을 반복해주세요.

실을 정리하고 실 끝을 꿰어서 숨겨주세요.

스커트의 안쪽 단(진분홍색 실로 떠주세요)

스커트의 안쪽 단을 뜨는 목적은 드레스의 형태감을 살리고 인형이 혼자 설 수 있도록 도와주기 위해서예요. 그렇게 하려면 다리가 달린 인형이 여러분의 반대쪽을 향하도록 두고 스커트의 세 번째 단을 아래로 접어주세요. 인형의 뒤쪽에서 스커트 세 번째 단의 원형 8단에 남아 있는 뒤 반 코들 중 하나에서 진분홍색 실의 고리를 당겨 올려주세요.

원형 1단 42코 모두 뒤 반 코에만 짧은뜨기 [42]

원형 2-12단 42코 모두 짧은뜨기 [42]

실을 정리하고 실 끝을 꿰어서 숨겨주세요. 스커트의 안쪽 단은 다리를 완전히 덮어야 해요. 만약 그렇지 않다면 한두 단을 더 떠주세요. 드레스의 모든 단을 다 뜬 다음, 주름 장식을 손으로 매만져서 모양을 잡아주고 스커트의 여러 단들을 순서대로 잘 정리해주세요.

팔(2개 만들기, 피부색 실로 떠주세요)

원형 1단 매직링에 짧은뜨기 4로 시작 [4]

원형 2단 4코 모두 코늘리기 [8]

원형 3-19단 8코 모두 짧은뜨기

팔에는 솜을 넣지 않아도 돼요. 팔을 납작하게 만들고, 다음 단에서 두 겹을 같이 떠서 막아주세요.

원형 20단 4코 모두 짧은뜨기 [4]

실을 정리하고, 꿰맬 수 있도록 실 꼬리를 길게 남겨주세요. 두 팔을 몸통의 양옆 원형 42단과 43단 사이에 꿰매어주세요.

머리카락(연갈색 실로 떠주세요)

원형 1단 매직링에 짧은뜨기 6으로 시작 [6]

원형 2단 6코 모두 코늘리기 [12]

원형 3단 (다음 코에 짧은뜨기, 다음 코에 코늘리기) 6번 반복 [18]

원형 4단 (다음 2코에 짧은뜨기, 다음 코에 코늘리기) 6번 반복 [24]

원형 5단 (다음 3코에 짧은뜨기, 다음 코에 코늘리기) 6번 반복 [30]

원형 6단 (다음 4코에 짧은뜨기, 다음 코에 코늘리기) 6번 반복 [36]

원형 7단 (다음 5코에 짧은뜨기, 다음 코에 코늘리기) 6번 반복 [42]

원형 8단 (다음 13코에 짧은뜨기, 다음 코에 코늘리기) 3번 반복 [45]

원형 9-16단 45코 모두 짧은뜨기 [45]

다음 단에서 머리 가닥을 만들어줄 거예요.

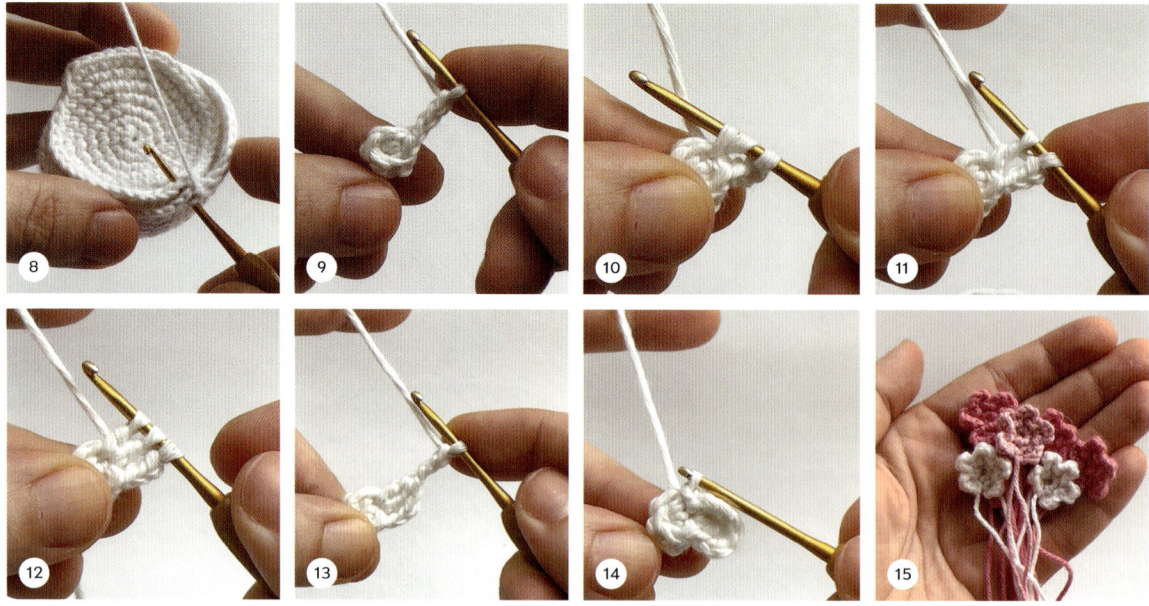

원형 17단   다음 코에 빼뜨기, 사슬뜨기 41(사진 5), 코바늘에서 2번째 사슬코에서 시작, 40사슬코 모두 짧은뜨기(사진 6), 다음 코에 빼뜨기, 사슬뜨기 41, 코바늘에서 2번째 사슬코에서 시작, 40사슬코 모두 짧은뜨기(지금 뜬 길이가 긴 두 가닥을 양쪽으로 하나씩 머리카락의 뒤쪽에서 꿰매어 줄 거예요), 다음 코에 빼뜨기, 머리카락 부분의 다음 10코에 짧은뜨기, 다음 코에 빼뜨기. 이번에는 뒤쪽의 곱슬곱슬한 머리 가닥들을 만들어줄 거예요: 사슬뜨기 26, 코바늘에서 2번째 사슬코에서 시작, 25사슬코 모두 짧은뜨기, (다음 코에 빼뜨기, 사슬뜨기 26, 코바늘에서 2번째 사슬코에서 시작, 25사슬코 모두 짧은뜨기) 19번 반복, 다음 코에 빼뜨기, 머리카락 부분의 다음 10코에 짧은뜨기, 이마 쪽 처음에 만든 길이가 긴 가닥에 가기 전 코에 빼뜨기 [20 가닥]

실을 정리하고, 꿰맬 수 있도록 실 꼬리를 길게 남겨주세요. 머리 가닥들은 저절로 곱슬곱슬 할 거예요(그렇지 않다면 손가락으로 머리 가닥을 옛날 전화기 선처럼 말아주세요. 길이가 긴 두 가닥은 앞으로 빼두고 머리카락을 머리에 꿰매어주세요(사진 7). 머리카락을 머리에 꿰매고 나면, 긴 두 가닥을 한쪽에 하나씩 양쪽으로 나누어서 머리카락의 뒤쪽, 곱슬곱슬한 가닥들의 위에서 함께 꿰매어주세요.

[케이크]

케이크 바닥(흰색 실로 떠주세요)

원형 1단   매직링에 짧은뜨기 6으로 시작 [6]
원형 2단   6코 모두 코늘리기 [12]
원형 3단   (다음 코에 짧은뜨기, 다음 코에 코늘리기) 6번 반복 [18]
원형 4단   (다음 2코에 짧은뜨기, 다음 코에 코늘리기) 6번 반복 [24]
원형 5단   (다음 3코에 짧은뜨기, 다음 코에 코늘리기) 6번 반복 [30]
원형 6단   (다음 4코에 짧은뜨기, 다음 코에 코늘리기) 6번 반복 [36]
원형 7단   (다음 5코에 짧은뜨기, 다음 코에 코늘리기) 6번 반복 [42]
실을 정리하고 실 끝을 꿰어서 숨겨주세요.

아래층(흰색 실로 떠주세요)

원형 1단   매직링에 짧은뜨기 6으로 시작 [6]
원형 2단   6코 모두 코늘리기 [12]
원형 3단   (다음 코에 짧은뜨기, 다음 코에 코늘리기) 6번 반복 [18]
원형 4단   (다음 2코에 짧은뜨기, 다음 코에 코늘리기) 6번 반복 [24]
원형 5단   (다음 3코에 짧은뜨기, 다음 코에 코늘리기) 6번 반복 [30]
원형 6단   (다음 4코에 짧은뜨기, 다음 코에 코늘리기) 6번 반복 [36]
원형 7단   (다음 5코에 짧은뜨기, 다음 코에 코늘리기) 6번 반복 [42]
원형 8단   42코 모두 뒤 반 코에만 짧은뜨기 [42]
원형 9-13단   42코 모두 짧은뜨기 [42]
아래층의 막혀 있는 않은 부분의 위에 케이크 바닥을 뚜껑처럼 놓아주세요. 다음 단에서 케이크 바닥과 아래층을 같이 떠줄 거예요(사진 8). 완전히 다 뜨기 전에 아래층에 솜을 꼼꼼히 넣어주세요.
원형 14단   42코 모두 짧은뜨기 [42]
실을 정리하고 실 끝을 꿰어서 숨겨주세요.

중간층 (흰색 실로 떠주세요)

원형 1단 매직링에 짧은뜨기 6으로 시작 [6]
원형 2단 6코 모두 코늘리기 [12]
원형 3단 (다음 코에 짧은뜨기, 다음 코에 코늘리기) 6번 반복 [18]
원형 4단 (다음 2코에 짧은뜨기, 다음 코에 코늘리기) 6번 반복 [24]
원형 5단 (다음 3코에 짧은뜨기, 다음 코에 코늘리기) 6번 반복 [30]
원형 6단 30코 모두 뒤 반 코에만 짧은뜨기 [30]
원형 7-11단 30코 모두 짧은뜨기 [30]

실을 정리하고, 꿰맬 수 있도록 실 꼬리를 길게 남겨주세요. 중간층에 솜을 넣고 아래층의 상단에 꿰매주세요.

위층 (흰색 실로 떠주세요)

원형 1단 매직링에 짧은뜨기 6으로 시작 [6]
원형 2단 6코 모두 코늘리기 [12]
원형 3단 (다음 코에 짧은뜨기, 다음 코에 코늘리기) 6번 반복 [18]
원형 4단 18코 모두 뒤 반 코에만 짧은뜨기 [18]
원형 5-8단 18코 모두 짧은뜨기 [18]

실을 정리하고, 꿰맬 수 있도록 실 꼬리를 길게 남겨주세요. 위층에 솜을 넣고 중간층의 상단에 꿰매주세요.

장식 (진분홍색 실로 떠주세요)

사슬뜨기로 50코 떠주세요. 단뜨기로 뜹니다.

1단 코바늘에서 2번째 사슬코에서 시작, (다음 2사슬코에 빼뜨기, 다음 사슬코에 짧은뜨기, 다음 사슬코에 긴뜨기, 다음 사슬코에 한 길긴뜨기, 다음 사슬코에 긴뜨기, 다음 사슬코에 짧은뜨기) 7번 반복 [49]

실을 정리하고, 꿰맬 수 있도록 실 꼬리를 길게 남겨주세요. 장식을 케이크의 아래층에 두르고 몇 코 꿰매어서 고정시켜주세요.

꽃 (8개 만들기, 흰색 실로 2개, 분홍색 실로 4개, 연분홍색 실로 1개, 진분홍색 실로 1개)

원형 1단 매직링에 짧은뜨기 5로 시작 [5]
원형 2단 [다음 코에 빼뜨기, 사슬뜨기 2(사진 9), 실 감기, 같은 코에 코바늘을 넣고 실을 당겨 코에 통과시키기(사진 10), 실 감기, 실을 코바늘에 걸려 있는 두 개의 고리에 통과시키기(사진 11), 실 감기, 같은 코에 코바늘 넣기, 실을 당겨 코에 통과시키기, 실 감기, 실을 코바늘에 걸려 있는 두 개의 고리에 통과시키기(사진 12), 실 감기, 실을 코바늘에 걸려 있는 세 개의 고리에 통과시키기, 사슬뜨기 2(사진 13), 같은 코에 빼뜨기(사진 14)] 5번 반복 [꽃잎 5개] (사진 15)

실을 정리하고, 꿰맬 수 있도록 실 꼬리를 길게 남겨주세요. 흰색 꽃 1개와 분홍색 꽃 1개는 허리의 한쪽에 꿰매주세요. 흰색 꽃 1개와 분홍색 꽃 1개는 머리카락의 뒤쪽, 두 개의 긴 가닥이 만나는 곳에 꿰매주세요. 마지막으로 4개의 꽃(분홍색 2개, 연분홍색 1개, 진분홍색 1개)은 3층 케이크에 꿰매주세요.

첫 영성체를 기념하며!

로살리아의 첫 영성체예요. 아무어 푸의 디자인입니다.

다수의 라틴계 교회에서 첫 영성체는 아이들이 모두 옷(주로 흰색)을 차려입고 미사 의식에 참여하는 특별한 날이에요. 로살리아는 자신이 읽어야 하는 부분을 몇 번이나 집에서 연습했지만, 아주 많은 사람들 앞에서 말하려니 여전히 조금은 떨린답니다. 다행히도 이후에는 축하하기 위해 모인 가족들, 수많은 놀이와 케이크가 함께하는 아주 재미있는 파티가 마련되어 있답니다!

난이도: ★(★)
사이즈: 기재된 실로 만들 경우 높이 17cm

아미구루미 갤러리: 사진을 공유하고 아이디어를 얻기 위해 QR코드를 스캔하거나 www.amigurumi.com/3610에 방문해주세요.

준비해주세요

중세사
- 🟤 피부색
- 🟤 연갈색
- ⚪ 흰색
- 🟡 연노란색

코바늘 사이즈 2mm
나사형 단추눈(6mm)
돗바늘
단수링
인조 섬유 솜

첫 번째 코에 빼뜨기 해주세요. 실을 정리하고 실 끝을 꿰어서 숨겨주세요.

머리(피부색 실로 떠주세요)

단수링으로 표시해 둔 피부색 실 고리를 걸어서 계속해서 머리를 떠주세요.

원형 47-68단   83-84페이지의 로살리아의 머리 만들기 부분을 반복해주세요.

팔(2개 만들기, 피부색 실로 떠주세요)

원형 1단   매직링에 짧은뜨기 4로 시작 [4]
원형 2단   4코 모두 코늘리기 [8]

몸통(피부색 실로 시작)

원형 1-28단   83페이지의 로살리아의 몸통 만들기 부분을 반복해주세요. 계속해서 흰색 실로 떠주세요.
원형 29단   (다음 4코에 짧은뜨기, 코줄이기) 6번 반복 [30]
연노란색 실로 교체해주세요.
원형 30단   30코 모두 뒤 반 코에만 짧은뜨기 [30]
원형 31단   30코 모두 짧은뜨기 [30]
흰색 실로 교체해주세요.
원형 32단   30코 모두 뒤 반 코에만 짧은뜨기 [30]
원형 33단   (다음 3코에 짧은뜨기, 코줄이기) 6번 반복 [24]
몸통에 솜을 넣고 계속 뜨면서 솜을 넣어주세요.
원형 34-36단   24코 모두 짧은뜨기 [24]
원형 37단   (다음 2코에 짧은뜨기, 코줄이기) 6번 반복 [18]
원형 38-40단   18코 모두 짧은뜨기 [18]
원형 41단   (다음 코에 짧은뜨기, 코줄이기) 6번 반복 [12]
원형 42-43단   12코 모두 짧은뜨기 [12]
피부색 실로 교체해주세요.
원형 44단   12코 모두 뒤 반 코에만 짧은뜨기 [12]
원형 45-46단   12코 모두 짧은뜨기 [12]
실을 정리하지 마세요. 뜨고 있는 실을 단수링에 걸어주고 계속해서 칼라를 떠주세요.

칼라(흰색 실로 떠주세요)

다리가 달린 몸통이 여러분의 반대 방향을 향하도록 두고, 목의 뒤쪽 원형 44단의 남아 있는 앞 반 코들 중 하나에서 흰색 실의 고리를 당겨 올려주세요.

원형 1단   (다음 코에 짧은뜨기, 다음 코에 짧은뜨기+사슬 3코 피코뜨기) 6번 반복 [12+피코뜨기 6]

원형 3 – 12단　8코 모두 짧은뜨기 [8]

흰색 실로 교체해주세요.

원형 13단　8코 모두 뒤 반 코에만 짧은뜨기 [8]

원형 14 – 19단　8코 모두 짧은뜨기 [8]

팔에는 솜을 넣지 않아도 돼요. 팔을 납작하게 만들고 다음 단에서 두 겹을 같이 떠서 막아주세요.

원형 20단　4코 모두 짧은뜨기 [4]

실을 정리하고, 꿰맬 수 있도록 실 꼬리를 길게 남겨주세요. 두 팔을 몸통의 양옆 원형 40단과 41단 사이에 꿰매어주세요.

드레스의 스커트 (흰색 실로 떠주세요)

인형의 다리가 여러분 쪽을 향한 상태에서 몸통의 윗부분이 아래로 가도록 두고, 인형의 뒤쪽 원형 30단에 남아 있는 앞 반 코들 중 하나에서 흰색 실의 고리를 당겨 올려주세요.

원형 1단　30코 모두 앞 반 코에만 짧은뜨기 [30]

원형 2단　(다음 4코에 짧은뜨기, 다음 코에 코늘리기) 6번 반복 [36]

원형 3단　36코 모두 짧은뜨기 [36]

원형 4단　(다음 5코에 짧은뜨기, 다음 코에 코늘리기) 6번 반복 [42]

원형 5 – 9단　42코 모두 짧은뜨기 [42]

원형 10단　(다음 6코에 짧은뜨기, 다음 코에 코늘리기) 6번 반복 [48]

원형 11 – 18단　48코 모두 짧은뜨기 [48]

원형 19단　(다음 7코에 짧은뜨기, 다음 코에 코늘리기) 6번 반복 [54]

원형 20 – 29단　54코 모두 짧은뜨기 [54]

원형 30단　(다음 코에 짧은뜨기, 다음 코에 짧은뜨기+사슬 3코 피코뜨기) 27번 반복 [82]

첫 번째 코에 빼뜨기 해주세요. 실을 정리하고 실 끝을 꿰어서 숨겨주세요.

머리카락

85 – 86페이지 로살리아의 머리카락 만들기 부분을 반복해주세요.

꽃

87페이지 로살리아의 꽃 만들기 부분을 반복해주세요. 흰색 실로 2개, 연노란색 실로 2개 만들어주세요.

아기 2호가 생겼어요!

릴리와 말로, 그리고 뱃속의 아기 2호예요. 델리구루미의 디자인입니다.

두 번째 아기가 생긴다는 건 모든 가족들에게 큰 변화예요. 형제 혹은 남매간의 유대는 특별하죠. 꼬마 말로는 엄마의 배에 뽀뽀를 하며 이미 남동생 혹은 여동생(성별은 아직 비밀이에요)과 정을 나누고 있답니다! 아가야, 얼른 만나고 싶구나. 네가 오면 우리 가족이 완벽해질 거야!

난이도: ★★
사이즈: 기재된 실로 만들 경우
릴리 24cm, 말로 14cm

아미구루미 갤러리: 사진을 공유하고 아이디어를 얻기 위해 QR코드를 스캔하거나 www.amigurumi.com/3611에 방문해주세요.

릴리를 만들기 위해 준비해주세요

합태사
- 피부색
- 갈색
- 빨간색
- 흰색

코바늘 사이즈 2.5mm
나사형 단추눈(8mm)
돗바늘
단수링
인조 섬유 솜

[릴리]

다리(2개 만들기, 피부색 실로 떠주세요)

사슬뜨기로 8코 떠주세요. 기초 사슬코의 양쪽을 돌아가며 뜹니다.

원형 1단 코바늘에서 2번째 사슬코에서 시작, 다음 6코에 짧은뜨기, 다음 코에 짧은뜨기 3. 계속해서 기초 사슬코의 나머지 한쪽에 뜨기, 다음 5코에 짧은뜨기, 다음 코에 코늘리기 [16]

원형 2단 다음 코에 코늘리기, 다음 5코에 짧은뜨기, 다음 3코에 코늘리기, 다음 5코에 짧은뜨기, 다음 2코에 코늘리기 [22]

원형 3단 다음 코에 짧은뜨기, 다음 코에 코늘리기, 다음 5코에 짧은뜨기, (다음 코에 짧은뜨기, 다음 코에 코늘리기) 3번 반복, 다음 5코에 짧은뜨기, (다음 코에 짧은뜨기, 다음 코에 코늘리기) 2번 반복 [28]

원형 4단 이번 단에서는 뒤 반 코에만 뜨기, 다음 9코에 짧은뜨기, 코줄이기 5번, 다음 9코에 짧은뜨기 [23]

원형 5단 다음 8코에 짧은뜨기, 코줄이기 3번, 다음 7코에 짧은뜨기, 코줄이기 [19]

원형 6단 다음 6코에 짧은뜨기, 코줄이기 3번, 다음 7코에 짧은뜨기 [16]

원형 7단 다음 4코에 짧은뜨기, 코줄이기 4번, 다음 4코에 짧은뜨기 [12]

원형 8-9단 12코 모두 짧은뜨기 [12]

다리에 솜을 넣고 계속 뜨면서 솜을 넣어주세요.

원형 10단 12코 모두 짧은뜨기 [12]

원형 11단 다음 코에 코늘리기, 다음 11코에 짧은뜨기 [13]

원형 12단 13코 모두 짧은뜨기 [13]

원형 13단 다음 2코에 짧은뜨기, 다음 코에 코늘리기, 다음 10코에 짧은뜨기 [14]

원형 14단 다음 3코에 짧은뜨기, 다음 코에 코늘리기, 다음 10코에 짧은뜨기 [15]

원형 15-16단 다음 15코에 짧은뜨기 [15]

원형 17단 다음 2코에 짧은뜨기, 코줄이기 3번, 다음 7코에 짧은뜨기 [12]

원형 18단 12코 모두 짧은뜨기 [12]

원형 19단 (다음 3코에 짧은뜨기, 다음 코에 코늘리기) 3번 반복 [15]

원형 20단 15코 모두 짧은뜨기 [15]

원형 21단 (다음 4코에 짧은뜨기, 다음 코에 코늘리기) 3번 반복 [18]

원형 22-23단 18코 모두 짧은뜨기 [18]

원형 24단 (다음 5코에 짧은뜨기, 다음 코에 코늘리기) 3번 반복 [21]

원형 25-26단 21코 모두 짧은뜨기 [21]

첫 번째 다리의 실을 정리하고 실 끝을 꿰어서 숨겨주세요. 두 번째 다리의 실은 정리하지 않고 계속해서 몸통을 떠주세요.

몸통과 머리(피부색 실로 떠주세요)

두 번째 다리의 안쪽 가운데 지점까지 필요하다면 짧은뜨기로 몇 코 더 뜨거나 덜 떠주세요.

원형 27단 사슬뜨기 3(사진 1), 첫 번째 다리의 안쪽 가운데 코에 짧은뜨기(사진 2), 다음 20코에 짧은뜨기, 다음 3사슬코에 짧은뜨기(사진 3), 두 번째 다리의 21코 모두 짧은뜨기, 다음 3사슬코의 나머지 한쪽에 짧은뜨기(사진 4) [48]

원형 28단 48코 모두 짧은뜨기 [48]

1

2

3

4

원형 29단 (다음 7코에 짧은뜨기, 다음 코에 코늘리기) 6번 반복 [54]

원형 30 - 32단 다음 54코에 짧은뜨기 [54]

다리에 솜을 꼼꼼히 넣어주세요.

원형 33단 (다음 7코에 짧은뜨기, 코줄이기) 6번 반복 [48]

원형 34 - 35단 다음 48코에 짧은뜨기 [48]

원형 36단 (다음 6코에 짧은뜨기, 코줄이기) 6번 반복 [42]

원형 37 - 38단 다음 42코에 짧은뜨기 [42]

원형 39단 (다음 5코에 짧은뜨기, 코줄이기) 6번 반복 [36]

원형 40 - 43단 다음 36코에 짧은뜨기 [36]

원형 44단 (다음 5코에 짧은뜨기, 다음 코에 코늘리기) 6번 반복 [42]

원형 45 - 48단 다음 42코에 짧은뜨기 [42]

원형 49단 (다음 5코에 짧은뜨기, 코줄이기) 6번 반복 [36]

원형 50단 (다음 4코에 짧은뜨기, 코줄이기) 6번 반복 [30]

원형 51단 (다음 3코에 짧은뜨기, 코줄이기) 6번 반복 [24]

원형 52단 (다음 2코에 짧은뜨기, 코줄이기) 6번 반복 [18]

원형 53 - 54단 다음 18코에 짧은뜨기 [18]

몸통에 솜을 꼼꼼히 넣어주세요.

원형 55단 (다음 코에 짧은뜨기, 다음 코에 코늘리기) 9번 반복 [27]

원형 56단 (다음 2코에 짧은뜨기, 다음 코에 코늘리기) 9번 반복 [36]

원형 57단 (다음 5코에 짧은뜨기, 다음 코에 코늘리기) 6번 반복 [42]

원형 58단 (다음 6코에 짧은뜨기, 다음 코에 코늘리기) 6번 반복 [48]

원형 59단 (다음 7코에 짧은뜨기, 다음 코에 코늘리기) 6번 반복 [54]

원형 60단 54코 모두 짧은뜨기 [54]

원형 61단 (다음 8코에 짧은뜨기, 다음 코에 코늘리기) 6번 반복 [60]

원형 62 - 70단 다음 60코에 짧은뜨기 [60]

원형 63단과 64단 사이에 10코 간격으로 나사형 단추눈을 넣어주세요. 원형 61단, 양쪽 눈 사이 가운데에 3코 크기의 코를 수놓아주세요.

원형 71단 (다음 8코에 짧은뜨기, 코줄이기) 6번 반복 [54]

원형 72단 (다음 7코에 짧은뜨기, 코줄이기) 6번 반복 [48]

원형 73단 (다음 6코에 짧은뜨기, 코줄이기) 6번 반복 [42]

원형 74단 (다음 5코에 짧은뜨기, 코줄이기) 6번 반복 [36]

원형 75단 (다음 4코에 짧은뜨기, 코줄이기) 6번 반복 [30]

원형 76단 (다음 3코에 짧은뜨기, 코줄이기) 6번 반복 [24]

원형 77단 (다음 2코에 짧은뜨기, 코줄이기) 6번 반복 [18]

머리에 솜을 꼼꼼히 넣어주세요.

원형 78단 (다음 코에 짧은뜨기, 코줄이기) 6번 반복 [12]

원형 79단 코줄이기 6번 [6]

실을 정리하고 실 꼬리를 길게 남겨주세요. 돗바늘로 남아 있는 코들의 앞 반 코에 실 꼬리를 꿰어준 다음 바짝 당겨서 조여주세요. 실 끝을 꿰어서 숨겨주세요.

팔 (2개 만들기, 피부색 실로 떠주세요)

원형 1단 매직링에 짧은뜨기 6으로 시작 [6]

원형 2단 (다음 코에 짧은뜨기, 다음 코에 코늘리기) 3번 반복 [9]

원형 3단 (다음 2코에 짧은뜨기, 다음 코에 코늘리기) 3번 반복 [12]

원형 4단 (다음 3코에 짧은뜨기, 다음 코에 코늘리기) 3번 반복 [15]

원형 5 - 25단 다음 15코에 짧은뜨기 [15]

원형 26단 (다음 3코에 짧은뜨기, 코줄이기) 3번 반복 [12]

원형 27단 (다음 2코에 짧은뜨기, 코줄이기) 3번 반복 [9]

팔의 아래쪽에 솜을 꼼꼼히 넣어주고, 팔의 위쪽은 솜을 가볍게 넣어주세요. 팔을 납작하게 만들고 다음 단에서 두 겹을 같이 떠서 막아주세요.

원형 28단 다음 4코에 짧은뜨기 [4]

실을 정리하고, 꿰맬 수 있도록 실 꼬리를 길게 남겨주세요. 두 팔을 몸통의 양옆 원형 52단과 53단 사이에 꿰매어주세요. 실 끝을 꿰어서 숨겨주세요.

가슴(2개 만들기, 피부색 실로 떠주세요)

원형 1단 매직링에 짧은뜨기 6으로 시작 [6]
원형 2단 6코 모두 코늘리기 [12]
원형 3단 (다음 코에 짧은뜨기, 다음 코에 코늘리기) 6번 반복 [18]
원형 4-5단 다음 18코에 짧은뜨기 [18]

실을 정리하고, 꿰맬 수 있도록 실 꼬리를 길게 남겨주세요. 양쪽 가슴을 원형 44단과 50단 사이에 1코 간격으로 꿰매어주세요. 완전히 다 꿰매기 전에 솜을 넣어주세요. 실 끝을 꿰어서 숨겨주세요.

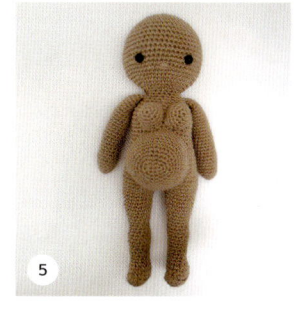

배(피부색 실로 떠주세요)

사슬뜨기로 4코 떠주세요. 기초 사슬코의 양쪽을 돌아가며 뜹니다.

원형 1단 코바늘에서 2번째 사슬코에서 시작, 다음 2코에 짧은뜨기, 다음 코에 짧은뜨기 4. 계속해서 기초 사슬코의 나머지 한쪽에 뜨기, 다음 코에 짧은뜨기, 다음 코에 코늘리기 [9]
원형 2단 다음 코에 코늘리기, 다음 2코에 짧은뜨기, 다음 2코에 코늘리기, 다음 2코에 짧은뜨기, 다음 2코에 코늘리기 [14]
원형 3단 다음 코에 코늘리기, 다음 3코에 짧은뜨기, 다음 3코에 코늘리기, 다음 3코에 짧은뜨기, (다음 코에 코늘리기, 다음 코에 짧은뜨기) 2번 반복 [20]
원형 4단 다음 코에 짧은뜨기, 다음 코에 코늘리기, 다음 5코에 짧은뜨기, 다음 코에 코늘리기, 다음 2코에 짧은뜨기, 다음 코에 코늘리기, 다음 6코에 짧은뜨기, 다음 코에 코늘리기, 다음 2코에 짧은뜨기 [24]
원형 5단 (다음 3코에 짧은뜨기, 다음 코에 코늘리기) 6번 반복 [30]
원형 6단 (다음 4코에 짧은뜨기, 다음 코에 코늘리기) 6번 반복 [36]
원형 7-8단 다음 36코에 짧은뜨기 [36]
원형 9단 (다음 5코에 짧은뜨기, 다음 코에 코늘리기) 6번 반복 [42]
원형 10-12단 42코 모두 짧은뜨기 [42]

실을 정리하고, 꿰맬 수 있도록 실 꼬리를 길게 남겨주세요. 배 부분을 원형 31단과 43단의 사이 20코 위에 꿰매어주세요(사진 5). 반드시 시작 사슬코가 수평을 이루어야 해요. 완전히 다 꿰매기 전에 솜을 넣어주되, 릴리에게 옷을 입힐 때 배 부분을 눌러야 하기 때문에 솜을 너무 꽉 넣지는 마세요. 실 끝을 꿰어서 숨겨주세요.

머리카락(갈색 실로 떠주세요)

원형 1단 매직링에 짧은뜨기 6으로 시작 [6]
원형 2단 6코 모두 코늘리기 [12]
원형 3단 (다음 코에 짧은뜨기, 다음 코에 코늘리기) 6번 반복 [18]
원형 4단 (다음 2코에 짧은뜨기, 다음 코에 코늘리기) 4번 반복, 계속해서 뒤 반 코에만 뜨기, (다음 2코에 짧은뜨기, 다음 코에 코늘리기) 2번 반복 [24]
원형 5단 (다음 3코에 짧은뜨기, 다음 코에 코늘리기) 6번 반복 [30]
원형 6단 다음 2코에 짧은뜨기, 다음 코에 코늘리기, (다음 4코에 짧은뜨기, 다음 코에 코늘리기) 5번 반복, 다음 2코에 짧은뜨기 [36]
원형 7단 (다음 5코에 짧은뜨기, 다음 코에 코늘리기) 4번 반복, 다음 2코에 짧은뜨기, 계속해서 뒤 반 코에만 뜨기, 다음 3코에 짧은뜨기, 다음 코에 코늘리기, 다음 5코에 짧은뜨기, 다음 코에 코늘리기 [42]
원형 8단 다음 3코에 짧은뜨기, 다음 코에 코늘리기, (다음 6코에 짧은뜨기, 다음 코에 코늘리기) 5번 반복, 다음 3코에 짧은뜨기 [48]
원형 9단 (다음 7코에 짧은뜨기, 다음 코에 코늘리기) 6번 반복 [54]
원형 10단 (다음 8코에 짧은뜨기, 다음 코에 코늘리기) 4번 반복, 다음 2코에 짧은뜨기, 계속해서 뒤 반 코에만 뜨기, 다음 6코에 짧은뜨기, 다음 코에 코늘리기, 다음 8코에 짧은뜨기, 다음 코에 코늘리기 [60]
원형 11-12단 다음 60코에 짧은뜨기 [60]

다음 4코에 짧은뜨기 해주세요. 마지막 코가 이 단의 새로운 끝입니다.

원형 13단 다음 36코에 짧은뜨기, 다음 24코 뒤 반 코에만 짧은뜨기 [60]
원형 14-15단 다음 60코에 짧은뜨기 [60]
원형 16단 다음 36코에 짧은뜨기, 다음 24코 뒤 반 코에만 짧은뜨기 [60]
원형 17-18단 다음 60코에 짧은뜨기 [60] (사진 6)
원형 19단 다음 36코에 짧은뜨기, 계속해서 땋은 머리를 위한 긴 머리 가닥 만들기, (사슬뜨기 48, 코바늘에서 2번째 사슬코에서 시작, 다음 47사슬코에 짧은뜨기, 머리카락 부분의 다음 코에 빼뜨기) 3번 반복. 계속해서 나머지 머리 가닥 만들기, (다음 코에 빼뜨기, 사슬뜨기 13, 코바늘에서 2번째 사슬코에서 시작, 다음 12사슬코에 짧은뜨기, 머리카락 부분의 다음 코에 빼뜨기) 11번 반복(원래의 단수링은 무시하고 마지막 머리 가닥을 만들어주세요) [머리 가닥 14]
원형 20단 다음 35코에 짧은뜨기 [35] / 남은 코들은 뜨지 않고 남겨두세요. 땋은 머리의 시작 지점에서 끝나야 합니다.

실을 정리하고, 꿰맬 수 있도록 실 꼬리를 길게 남겨주세요(사진 7). 그런 다음 계속해서 남은 앞 반 코들에서 머리 가닥을 만들어주세요. 머리카락 편물의 위쪽이 아래로 가도록 놓아주세요. 패턴에 표기된 각 해당 단의 남은 앞 반 코들 중 첫 번째 앞 반 코에서 갈색 실의 고리

를 당겨 올려주세요(사진 8). 실을 당겨 올린 코와 같은 코에 빼뜨기 해주세요(따라서 패턴 설명 부분의 첫 번째 빼뜨기는 생략해주세요).

원형 16단의 남은 앞 반 코들 (다음 코에 빼뜨기, 사슬뜨기 13, 코바늘에서 2번째 사슬코에서 시작, 다음 12사슬코에 짧은뜨기, 머리카락 부분의 다음 코에 빼뜨기) 12번 반복 [머리 가닥 12]

원형 13단의 남은 앞 반 코들 (다음 코에 빼뜨기, 사슬뜨기 13, 코바늘에서 2번째 사슬코에서 시작, 다음 12사슬코에 짧은뜨기, 머리카락 부분의 다음 코에 빼뜨기) 12번 반복 [머리 가닥 12]

원형 10단의 남은 앞 반 코들 (다음 코에 빼뜨기, 사슬뜨기 13, 코바늘에서 2번째 사슬코에서 시작, 다음 12사슬코에 짧은뜨기, 머리카락 부분의 다음 코에 빼뜨기) 8번 반복 [머리 가닥 8]

원형 7단의 남은 앞 반 코들 (다음 코에 빼뜨기, 사슬뜨기 13, 코바늘에서 2번째 사슬코에서 시작, 다음 12사슬코에 짧은뜨기, 머리카락 부분의 다음 코에 빼뜨기) 5번 반복 [머리 가닥 5]

원형 4단의 남은 앞 반 코들 (다음 코에 빼뜨기, 사슬뜨기 13, 코바늘에서 2번째 사슬코에서 시작, 다음 12사슬코에 짧은뜨기, 머리카락 부분의 다음 코에 빼뜨기) 3번 반복 [머리 가닥 3]

실을 정리하고 실 끝을 꿰어서 숨겨주세요. 원형 19단의 3개의 머리 가닥으로 머리를 땋고, 땋은 머리를 머리카락의 맞은편에 3코 꿰매어주세요(사진 9). 그런 다음, 앞머리를 만들어줄 거예요. 땋은 머리 옆 첫 번째 코에서 갈색 실의 고리를 당겨 올려주세요. 단뜨기로 떠주세요.

1단 다음 32코에 짧은뜨기, 사슬뜨기 1, 편물 돌리기 [35]

2단 다음 3코에 짧은뜨기, 다음 4코에 긴뜨기, 다음 3코에 한길긴뜨기, 다음 3코에 두길긴뜨기, 다음 코에 긴뜨기+빼뜨기, 다음 코에 빼뜨기, 다음 코에 빼뜨기+긴뜨기, 다음 3코에 두길긴뜨기, 다음 3코에 한길긴뜨기, 다음 3코에 긴뜨기, 다음 3코에 짧은뜨기 [38] (사진 10)

다음 코에 빼뜨기 해주세요. 실을 정리하고 실 끝을 꿰어서 숨겨주세요. 머리카락이 머리의 뒷부분을 덮고 앞머리가 머리의 가운데에 오도록 머리 위에 머리카락을 올려주세요. 앞머리의 뾰족한 부분이 원형 69단에 오면 됩니다. 머리카락을 머리에 꿰매어주세요.

귀(2개 만들기, 피부색 실로 떠주세요)

원형 1단 매직링에 짧은뜨기 6으로 시작, 사슬뜨기 1, 편물 돌리기 [6] 아직은 매직링을 바짝 조이지 마세요.

원형 2단 (다음 코에 짧은뜨기, 다음 코에 짧은뜨기 2) 3번 반복 [9] 매직링을 바짝 조여주세요. 실을 정리하고, 꿰맬 수 있도록 실 꼬리를 길게 남겨주세요. 양쪽 귀를 머리카락의 앞, 머리의 원형 59-61단 위에 꿰매어주세요.

드레스(빨간색 실로 떠주세요)

사슬뜨기로 50코를 뜨고 빼뜨기로 연결하여 원을 만들어주세요. 사슬코가 꼬이지 않도록 주의해주세요.

원형 1-8단 50코 모두 짧은뜨기 [50]

원형 9단 다음 16코에 짧은뜨기, (다음 코에 짧은뜨기, 다음 코에 코늘리기) 9번 반복, 다음 16코에 짧은뜨기 [59]

원형 10단 다음 16코에 짧은뜨기, (다음 2코에 짧은뜨기, 다음 코에 코늘리기) 9번 반복, 다음 16코에 짧은뜨기 [68]

원형 11-13단 68코 모두 짧은뜨기 [68]

다음 2코에 짧은뜨기 해주세요. 마지막 코가 이 단의 새로운 끝이 됩니다.

원형 14단 다음 21코에 짧은뜨기, 코줄이기, (다음 10코에 짧은뜨기, 코줄이기) 2번 반복, 다음 21코에 짧은뜨기 [65]

원형 15단 다음 16코에 짧은뜨기, (다음 9코에 짧은뜨기, 코줄이기) 3번 반복, 다음 16코에 짧은뜨기 [62]

원형 16단 다음 20코에 짧은뜨기, 코줄이기, (다음 8코에 짧은뜨기, 코줄이기) 2번 반복, 다음 20코에 짧은뜨기 [59]

원형 17단 다음 16코에 짧은뜨기, (다음 7코에 짧은뜨기, 코줄이기) 3번 반복, 다음 16코에 짧은뜨기 [56]

원형 18단 다음 19코에 짧은뜨기, 코줄이기, (다음 6코에 짧은뜨기, 코줄이기) 2번 반복, 다음 19코에 짧은뜨기 [53]

원형 19단 다음 16코에 짧은뜨기, (다음 5코에 짧은뜨기, 코줄이기) 3번 반복, 다음 16코에 짧은뜨기 [50]

원형 19단의 16번째 코와 36번째 코에 단수링을 걸어주세요(드레스를 입혔을 때 단수링을 걸어둔 코들이 엉덩이 쪽에 와야 합니다. 필요

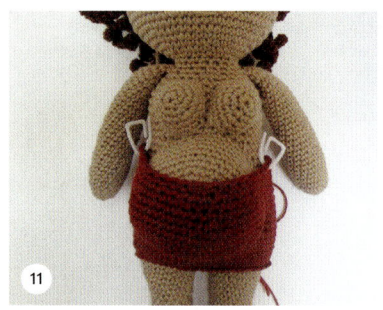

하다면 단수링을 옮겨주세요). 실을 정리하지 말고 뜨고 있는 실에 단수링을 걸어주세요. 동일한 실타래에서 실의 다른 한쪽 끝을 빼주세요. 16번째 코에서 실의 고리를 당겨 올려주세요.

원형 20단 사슬뜨기 1, 같은 코에 짧은뜨기, 다음 2코에 짧은뜨기, 코줄이기, (다음 3코에 짧은뜨기, 코줄이기) 3번 반복 [16] / 남은 코들은 뜨지 않고 남겨두세요.

실을 정리하고 실 끝을 꿰어서 숨겨주세요. 단수링에 걸어둔 뜨고 있는 실의 고리를 다시 걸어주세요.

원형 21단 다음 15코에 짧은뜨기, (다음 2코에 짧은뜨기, 코줄이기) 4번 반복, 다음 15코에 짧은뜨기 [42]

원형 22단 다음 17코에 짧은뜨기, (다음 코에 짧은뜨기, 코줄이기) 4번 반복, 다음 13코에 짧은뜨기 [38]

원형 23-24단 38코 모두 짧은뜨기 [38]

다음 3코에 짧은뜨기 해주세요. 마지막 코가 이 단의 새로운 끝이 됩니다.

원형 25단 다음 15코에 짧은뜨기, (다음 코에 짧은뜨기, 다음 코에 코늘리기) 4번 반복, 다음 15코에 짧은뜨기 [42]

원형 26단 다음 15코에 짧은뜨기, (다음 2코에 짧은뜨기, 다음 코에 코늘리기) 4번 반복, 다음 15코에 짧은뜨기 [46]

원형 27-28단 46코 모두 짧은뜨기 [46]

원형 29단 코줄이기, (다음 12코에 짧은뜨기, 코줄이기) 3번 반복, 다음 2코에 짧은뜨기 [42]

원형 30단 코줄이기, 다음 9코에 짧은뜨기, (코줄이기, 다음 8코에 짧은뜨기) 2번 반복, 코줄이기, 다음 9코에 짧은뜨기 [38]

원형 31단 다음 11코에 짧은뜨기, 사슬뜨기 31, 코바늘에서 2번째 사슬코에서 시작, 다음 30사슬코에 짧은뜨기, 다음 3코에 짧은뜨기, 코줄이기, (다음 코에 짧은뜨기, 코줄이기) 2번 반복, 다음 2코에 짧은뜨기, 코줄이기, 사슬뜨기 31, 코바늘에서 2번째 사슬코에서 시작, 다음 30사슬코에 짧은뜨기, 다음 12코에 짧은뜨기, 다음 코에 빼뜨기.

실을 정리하고 실 끝을 꿰어서 숨겨주세요. 드레스 아래쪽의 시작 사슬코에서 빨간색 실의 고리를 당겨 올려주세요. 드레스의 아랫단을 따라 짧은뜨기로 마무리 단을 떠주세요. 드레스를 입혀주세요. 드레스를 입힐 때 배 부분을 살짝 눌러줘야 할 거예요. 목의 뒤쪽에서 양쪽 끈을 함께 묶어주세요.

[운동화(2개 만들기) **]**

신발(흰색 실로 떠주세요)

사슬뜨기로 8코 떠주세요. 기초 사슬코의 양쪽을 돌아가며 뜹니다.

14

말로를 만들기 위해 준비해주세요

합태사
○ 피부색
● 파란색
● 빨간색
● 갈색
코바늘 사이즈 2.5mm
나사형 단추눈(8mm)
돗바늘
단수링
인조 섬유 솜

원형 1단 코바늘에서 2번째 사슬코에서 시작, 다음 6코에 짧은뜨기, 다음 코에 짧은뜨기 3. 계속해서 기초 사슬코의 나머지 한쪽에 뜨기, 다음 5코에 짧은뜨기, 다음 코에 코늘리기 [16]

원형 2단 다음 코에 코늘리기, 다음 5코에 짧은뜨기, 다음 3코에 코늘리기, 다음 5코에 짧은뜨기, 다음 2코에 코늘리기 [22]

원형 3단 다음 코에 짧은뜨기, 다음 코에 코늘리기, 다음 5코에 짧은뜨기, (다음 코에 짧은뜨기, 다음 코에 코늘리기) 3번 반복, 다음 5코에 짧은뜨기, (다음 코에 짧은뜨기, 다음 코에 코늘리기) 2번 반복 [28]

원형 4단 28코 모두 뒤 반 코에만 짧은뜨기 [28]

원형 5단 다음 8코에 짧은뜨기, (다음 코에 짧은뜨기, 코줄이기) 3번 반복, 다음 11코에 짧은뜨기 [25]

원형 6단 다음 8코에 짧은뜨기, 코줄이기 3번, 다음 11코에 짧은뜨기 [22]

원형 7단 다음 8코에 짧은뜨기 [8] / 원형 6단의 다음 코에 단수링을 걸어주세요. 남은 코들은 뜨지 않고 남겨두세요. 계속해서 단뜨기로 떠주세요.

1단 사슬뜨기 1, 편물 돌리기, 코줄이기, 다음 15코에 짧은뜨기, 코줄이기, 사슬뜨기 1, 편물 돌리기 [17]

2단 코줄이기, 다음 13코에 짧은뜨기, 코줄이기, 사슬뜨기 1, 편물 돌리기 [15]

3단 다음 12코에 짧은뜨기, 코줄이기 [13] / 남은 코들은 뜨지 않고 남겨두세요.

실을 정리하고 실 끝을 꿰어서 숨겨주세요.

신발 혀 (흰색 실로 떠주세요)

원형 6단에 표시해 둔 9번째 코에서 흰색 실의 고리를 당겨 올리고(사진 14), 사슬뜨기 1코 떠주세요. 단뜨기로 뜹니다.

1-4단 다음 3코에 짧은뜨기, 사슬뜨기 1, 편물 돌리기 [3]

5단 1코 건너뛰기, 다음 코에 짧은뜨기 5, 1코 건너뛰기 [5]

실을 정리하고 실 끝을 꿰어서 숨겨주세요. 신발 끈으로 빨간색 실을 신발에 묶어주세요.

[말로]

다리 (2개 만들기, 파란색 실로 떠주세요)

원형 1단 매직링에 짧은뜨기 6으로 시작 [6]

원형 2단 6코 모두 코늘리기 [12]

원형 3단 12코 모두 뒤 반 코에만 짧은뜨기 [12]

원형 4단 다음 3코에 짧은뜨기, 코줄이기 3번, 다음 3코에 짧은뜨기 [9]

원형 5단 다음 9코에 짧은뜨기 [9]

원형 6단 (다음 2코에 짧은뜨기, 다음 코에 코늘리기) 3번 반복 [12]

원형 7-8단 다음 12코에 짧은뜨기 [12]

원형 9단 (다음 3코에 짧은뜨기, 다음 코에 코늘리기) 3번 반복 [15]

원형 10-12단 다음 15코에 짧은뜨기 [15]

첫 번째 다리의 실을 정리하고 실 끝을 꿰어서 숨겨주세요. 두 번째 다리의 실은 정리하지 않고, 계속해서 몸통을 떠주세요.

몸통 (파란색 실로 시작)

두 번째 다리의 안쪽 가운데 지점까지 필요하다면 짧은뜨기로 몇 코 더 뜨거나 덜 떠주세요.

원형 13단 사슬뜨기 2, 첫 번째 다리의 안쪽 가운데에 있는 코에 짧은뜨기(사진 15), 다음 14코에 짧은뜨기, 다음 2사슬코에 짧은뜨기, 두 번째 다리의 15코 모두 짧은뜨기, 다음 2사슬코에 나머지 한쪽에 짧은뜨기 [34] (사진 16-17)

원형 14단 다음 7코에 짧은뜨기, 다음 코에 코늘리기, 다음 16코에 짧은뜨기, 다음 코에 코늘리기, 다음 9코에 짧은뜨기 [36]

원형 15-17단 36코 모두 짧은뜨기 [36]

다음 9코에 짧은뜨기 해주세요. 마지막 코가 이 단의 새로운 끝이 됩니다.

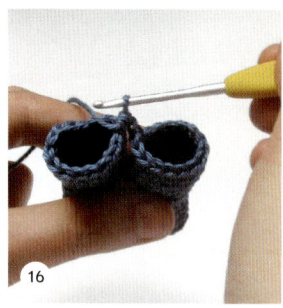

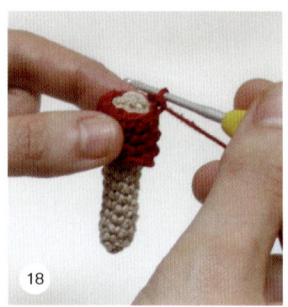

원형 18단 (다음 7코에 짧은뜨기, 코줄이기) 4번 반복 [32]
빨간색 실로 교체해주세요.

원형 19단 32코 모두 뒤 반 코에만 짧은뜨기 [32]
양쪽 다리에 솜을 꼼꼼히 넣어주세요.

원형 20단 32코 모두 짧은뜨기 [32]

원형 21단 (다음 6코에 짧은뜨기, 코줄이기) 4번 반복 [28]

원형 22-25단 28코 모두 짧은뜨기 [28]

원형 26단 (다음 5코에 짧은뜨기, 코줄이기) 4번 반복 [24]

원형 27단 (다음 4코에 짧은뜨기, 코줄이기) 4번 반복 [20]

원형 28단 (다음 3코에 짧은뜨기, 코줄이기) 4번 반복 [16]

원형 29단 (다음 2코에 짧은뜨기, 코줄이기) 4번 반복 [12]
다음 4코에 짧은뜨기 해주세요. 마지막 코가 이 단의 새로운 끝이 됩니다. 피부색 실로 교체해주세요.

원형 30단 다음 12코 뒤 반 코에만 짧은뜨기 [12]
몸통에 솜을 넣어주고 계속 뜨면서 솜을 넣어주세요.

원형 31단 12코 모두 짧은뜨기 [12]

원형 32단 12코 모두 코늘리기 [24]

원형 33단 (다음 3코에 짧은뜨기, 다음 코에 코늘리기) 6번 반복 [30]

원형 34단 다음 2코에 짧은뜨기, 다음 코에 코늘리기, (다음 4코에 짧은뜨기, 다음 코에 코늘리기) 5번 반복, 다음 2코에 짧은뜨기 [36]

원형 35단 (다음 5코에 짧은뜨기, 다음 코에 코늘리기) 6번 반복 [42]

원형 36-41단 42코 모두 짧은뜨기 [42]

원형 42단 (다음 5코에 짧은뜨기, 코줄이기) 6번 반복 [36]
나사형 단추눈을 원형 40단과 41단 사이에 7코 간격으로 넣어주세요. 원형 39단, 눈과 눈 사이 가운데에 2코 크기의 코를 수놓아주세요. 뜨고 있는 실을 단수링에 걸어두고 계속해서 칼라를 떠주세요.

칼라(빨간색 실로 떠주세요)

다리가 달린 몸통이 여러분의 반대쪽을 향하도록 두세요. 원형 30단의 남은 앞 반 코들 중 첫 번째 앞 반 코에서 빨간색 실의 고리를 당겨 올려주세요.

원형 1단 같은 코에 짧은뜨기, 다음 2코에 짧은뜨기, 다음 코에 긴뜨기, 다음 코에 한길긴뜨기+사슬뜨기 2+빼뜨기, 다음 코에 빼뜨기+사슬뜨기 2+한길긴뜨기, 다음 코에 긴뜨기, 다음 5코에 짧은뜨기, 첫 번째 코에 빼뜨기.
실을 정리하고 실 끝을 꿰어서 숨겨주세요.

머리(피부색 실로 떠주세요)

단수링에 걸어둔 피부색 실 고리를 걸고 계속해서 머리를 떠주세요.

원형 43단 다음 2코에 짧은뜨기, 코줄이기, (다음 4코에 짧은뜨기, 코줄이기) 5번 반복, 다음 2코에 짧은뜨기 [30]

원형 44단 (다음 3코에 짧은뜨기, 코줄이기) 6번 반복 [24]

원형 45단 다음 코에 짧은뜨기, 코줄이기, (다음 2코에 짧은뜨기, 코줄이기) 5번 반복, 다음 코에 짧은뜨기 [18]
머리에 솜을 꼼꼼히 넣어주세요.

원형 46단 (다음 코에 짧은뜨기, 코줄이기) 6번 반복 [12]

원형 47단 코줄이기 6번 [6]
실을 정리하고, 실 꼬리를 길게 남겨주세요. 돗바늘로 남아 있는 모든 코들의 앞 반 코에 실 꼬리를 꿰어주고 바짝 당겨서 조여주세요. 실 끝을 꿰어서 숨겨주세요.

팔(2개 만들기, 피부색 실로 떠주세요)

원형 1단 매직링에 짧은뜨기 6으로 시작 [6]

원형 2단 (다음 2코에 짧은뜨기, 다음 코에 코늘리기) 2번 반복 [8]

원형 3-13단 8코 모두 짧은뜨기 [8]
팔에는 솜을 넣지 않아도 돼요. 실을 정리하고 실 끝을 꿰어서 숨겨주세요.

소매(2개 만들기, 빨간색 실로 떠주세요)

사슬뜨기로 12코를 뜨고 빼뜨기로 연결하여 원을 만들어주세요.

원형 1-2단 12코 모두 짧은뜨기 [12]

원형 3단 (다음 2코에 짧은뜨기, 코줄이기) 3번 반복 [9]

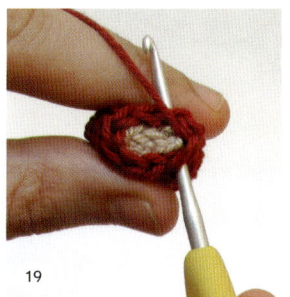   

원형 4단 9코 모두 짧은뜨기 [9]

팔을 소매 안에 넣고 서로 끝단을 맞춰주세요. 다음 단에서 소매와 팔을 함께 떠서 벌어진 부분을 막아주세요(사진 18-19).

원형 5단 다음 3코에 짧은뜨기 [3]

실을 정리하고, 꿰맬 수 있도록 실 꼬리를 길게 남겨주세요. 두 팔을 몸통의 양옆, 원형 26단과 28단 사이에 대각선 방향으로 꿰매어주세요.

멜빵바지 앞부분(파란색 실로 떠주세요)

몸통을 똑바로 세워주세요. 몸통의 원형 19단에 남아 있는 앞 반 코들에 떠줍니다. 앞 중심을 정하고 오른쪽으로 4코 옮겨가세요. 이 코에서 파란색 실의 고리를 당겨 올려주세요(사진 20-21).

원형 1단 32코 모두 짧은뜨기, 첫 번째 코에 빼뜨기 [32]

계속해서 단뜨기로 떠주세요.

2-6단 다음 8코에 짧은뜨기, 사슬뜨기 1, 편물 돌리기 [8]

계속해서 양쪽 멜빵을 떠주세요. 사슬뜨기 15, 멜빵바지의 뒤쪽에 빼뜨기 2코로 연결하기(사진 22), 15사슬코 모두 짧은뜨기, 멜빵바지 앞부분의 상단을 따라 다음 8코에 짧은뜨기, 사슬뜨기 15, 멜빵바지의 뒤쪽에 빼뜨기 2코로 연결하기, 15사슬코 모두 짧은뜨기, 멜빵바지 부분의 다음 코에 빼뜨기 해주세요. 실을 정리하고 실 끝을 꿰어서 숨겨주세요.

머리카락(갈색 실로 떠주세요)

원형 1단 매직링에 짧은뜨기 6으로 시작 [6]

원형 2단 6코 모두 코늘리기 [12]

원형 3단 (다음 코에 짧은뜨기, 다음 코에 코늘리기) 6번 반복 [18]

원형 4단 다음 코에 짧은뜨기, 다음 코에 코늘리기, (다음 2코에 짧은뜨기, 다음 코에 코늘리기) 5번 반복, 다음 코에 짧은뜨기 [24]

원형 5단 (다음 3코에 짧은뜨기, 다음 코에 코늘리기) 6번 반복 [30]

원형 6단 다음 2코에 짧은뜨기, 다음 코에 코늘리기, (다음 4코에 짧은뜨기, 다음 코에 코늘리기) 5번 반복, 다음 2코에 짧은뜨기 [36]

원형 7단 (다음 5코에 짧은뜨기, 다음 코에 코늘리기) 6번 반복 [42]

원형 8-12단 다음 42코에 짧은뜨기 [42]

원형 13단 다음 5코에 짧은뜨기, 다음 5코에 긴뜨기, 다음 5코에 한길긴뜨기, 다음 3코에 두길긴뜨기, 사슬뜨기 3, 다음 코에 빼뜨기 [19] / 나머지 코들은 뜨지 않고 남겨두세요.

실을 정리하고, 꿰맬 수 있도록 실 꼬리를 길게 남겨주세요. 머리카락이 머리 뒤쪽을 덮고 앞머리가 오른쪽에 오도록 머리 위에 머리카락을 올려주세요. 머리카락을 머리에 꿰매어주세요.

귀(2개 만들기, 피부색 실로 떠주세요)

릴리의 귀 만들기 패턴을 반복해주세요. 양쪽 귀를 머리의 원형 36단에서 38단의 위, 머리카락 앞쪽에 꿰매어주세요.

부활절을 기념하며!

부활절 병아리와 토끼예요. 집집드림즈의 디자인입니다.

여러분은 초콜릿으로 만든 부활절 달걀을 좋아하나요? 병아리 치피와 토끼 칠은 부활절이 되면 정말정말 신이 난답니다! 벌써 달걀들도 멋지게 꾸며두었어요(그렇다고 달걀들을 먹어서는 안 돼요. 왜냐하면 곧 치피의 사촌들이 될 거거든요). 이렇듯 우리의 행복한 친구들은 얼른 커다란 바구니에 초콜릿 달걀들을 담고 전 세계에서 모인 친구들과 함께 나누기만을 기다리고 있답니다.

난이도: ★
사이즈: 기재된 실로 만들 경우 높이 10cm

아미구루미 갤러리: 사진을 공유하고 아이디어를 얻기 위해 QR코드를 스캔하거나 www.amigurumi.com/3612에 방문해주세요.

> **병아리 치피를 만들기 위해 준비해주세요**
>
> 합태사
> 🟡 노란색
> 🔴 주황색
> 🌸 연분홍색
>
> 코바늘 사이즈 2.5mm
> 나사형 단추눈(6mm)
> 단수링
> 돗바늘
> 새틴 리본(길이 30cm, 폭 25mm)
> 인조 섬유 솜

[병아리 치피]

머리(노란색 실로 떠주세요)

원형 1단 매직링에 짧은뜨기 6으로 시작 [6]
원형 2단 6코 모두 코늘리기 [12]
원형 3단 (다음 코에 짧은뜨기, 다음 코에 코늘리기) 6번 반복 [18]
원형 4단 (다음 2코에 짧은뜨기, 다음 코에 코늘리기) 6번 반복 [24]
원형 5단 (다음 3코에 짧은뜨기, 다음 코에 코늘리기) 6번 반복 [30]
원형 6단 (다음 4코에 짧은뜨기, 다음 코에 코늘리기) 6번 반복 [36]
원형 7단 (다음 11코에 짧은뜨기, 다음 코에 코늘리기) 3번 반복 [39]
원형 8단 다음 6코에 짧은뜨기, (다음 코에 코늘리기, 다음 12코에 짧은뜨기) 2번 반복, 다음 코에 코늘리기, 다음 6코에 짧은뜨기 [42]
원형 9단 (다음 13코에 짧은뜨기, 다음 코에 코늘리기) 3번 반복 [45]
원형 10단 다음 7코에 짧은뜨기, (다음 코에 코늘리기, 다음 14코에 짧은뜨기) 2번 반복, 다음 코에 코늘리기, 다음 7코에 짧은뜨기 [48]
원형 11단 (다음 15코에 짧은뜨기, 다음 코에 코늘리기) 3번 반복 [51]
원형 12단 다음 8코에 짧은뜨기, (다음 코에 코늘리기, 다음 16코에 짧은뜨기) 2번 반복, 다음 코에 코늘리기, 다음 8코에 짧은뜨기 [54]
원형 13단 54코 모두 짧은뜨기 [54]
원형 14단 (다음 17코에 짧은뜨기, 다음 코에 코늘리기) 3번 반복 [57]
원형 15단 57코 모두 짧은뜨기 [57]
원형 16단 다음 9코에 짧은뜨기, (다음 코에 코늘리기, 다음 18코에 짧은뜨기) 2번 반복, 다음 코에 코늘리기, 다음 9코에 짧은뜨기 [60]
원형 17 - 20단 60코 모두 짧은뜨기 [60]
원형 21단 (다음 8코에 짧은뜨기, 코줄이기) 6번 반복 [54]
원형 22단 (다음 7코에 짧은뜨기, 코줄이기) 6번 반복 [48]
원형 23단 (다음 4코에 짧은뜨기, 코줄이기) 8번 반복 [40]
원형 24단 (다음 3코에 짧은뜨기, 코줄이기) 8번 반복 [32]

나사형 단추눈을 원형 17단과 18단의 사이에 11코 간격으로 넣어주세요.

원형 25단 (다음 2코에 짧은뜨기, 코줄이기) 8번 반복 [24]
원형 26단 (다음 4코에 짧은뜨기, 코줄이기) 4번 반복 [20]

다음 코에 빼뜨기 해주세요. 실을 정리하고, 꿰맬 수 있도록 실 꼬리를 길게 남겨주세요. 머리에 솜을 꼼꼼히 넣어주세요.

부리(주황색 실로 떠주세요)

원형 1단 매직링에 짧은뜨기 6으로 시작 [6]
원형 2단 (다음 2코에 짧은뜨기, 다음 코에 코늘리기) 2번 반복 [8]
원형 3단 (다음 3코에 짧은뜨기, 다음 코에 코늘리기) 2번 반복 [10]
원형 4단 (다음 4코에 짧은뜨기, 다음 코에 코늘리기) 2번 반복 [12]
원형 5단 (다음 5코에 짧은뜨기, 다음 코에 코늘리기) 2번 반복 [14]

다음 코에 빼뜨기 해주세요. 실을 정리하고, 꿰맬 수 있도록 실 꼬리를 길게 남겨주세요. 부리에 솜을 꼼꼼히 넣어준 다음, 머리에 부리를 꿰매어주세요. 머리의 원형 17 - 21단의 위, 양쪽 눈 사이 가운데에 꿰매어주면 됩니다. 완전히 다 꿰매기 전에 솜을 더 넣어주세요.

볏(노란색 실로 떠주세요)

사슬뜨기로 20코 떠주세요. 단뜨기로 뜹니다.

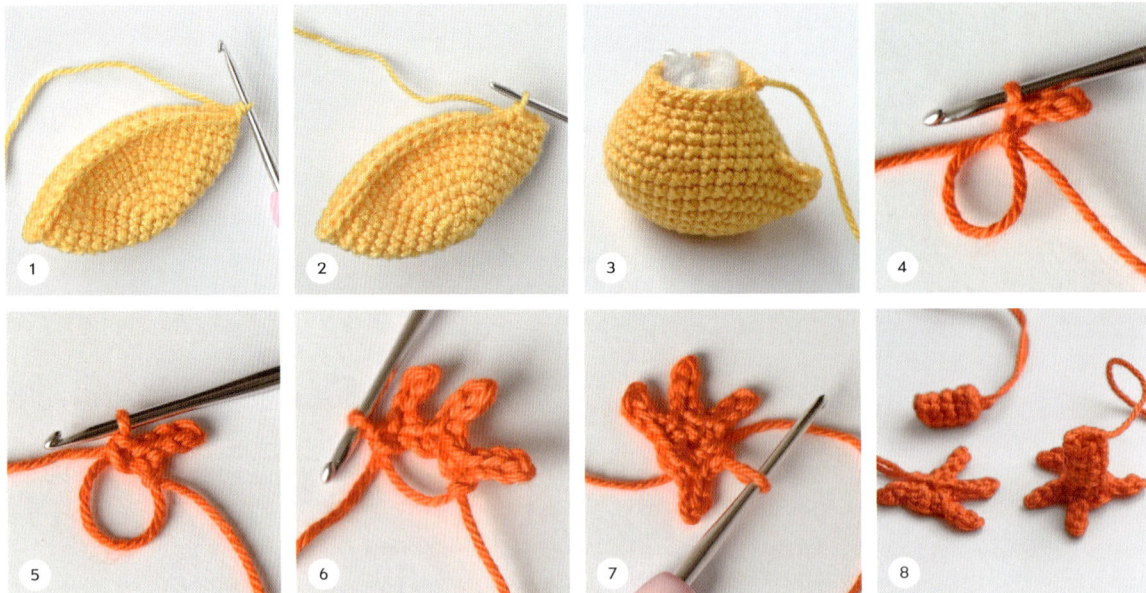

1단 코바늘에서 2번째 사슬코에서 시작, 19사슬코 모두 빼뜨기 [19]
실을 정리하고, 꿰맬 수 있도록 실 꼬리를 길게 남겨주세요. 볏을 2개의 고리로 접은 다음 머리의 윗부분에 꿰매어주세요.

뺨(2개 만들기, 연분홍색 실로 떠주세요)

원형 1단 매직링에 짧은뜨기 6으로 시작 [6]
다음 코에 빼뜨기 해주세요. 실을 정리하고, 꿰맬 수 있도록 실 꼬리를 길게 남겨주세요. 양쪽 뺨을 머리의 원형 18-20단 위, 눈에서 1코 떨어진 위치에 꿰매어주세요.

몸통(노란색 실로 떠주세요)

원형 1단 매직링에 짧은뜨기 6으로 시작 [6]
원형 2단 6코 모두 코늘리기 [12]
원형 3단 (다음 코에 짧은뜨기, 다음 코에 코늘리기) 6번 반복 [18]
원형 4단 (다음 2코에 짧은뜨기, 다음 코에 코늘리기) 6번 반복 [24]
원형 5단 (다음 3코에 짧은뜨기, 다음 코에 코늘리기) 6번 반복 [30]
원형 6단 (다음 4코에 짧은뜨기, 다음 코에 코늘리기) 6번 반복 [36]
원형 7단 (다음 11코에 짧은뜨기, 다음 코에 코늘리기) 3번 반복 [39]
원형 8단 다음 6코에 짧은뜨기, (다음 코에 코늘리기, 다음 12코에 짧은뜨기) 2번 반복, 다음 코에 코늘리기, 다음 6코에 짧은뜨기 [42]
원형 9-10단 42코 모두 짧은뜨기 [42]
다음 단에서 병아리의 꼬리 모양을 잡아줄 거예요. 편물을 사진 1과 같이 접고, 코바늘은 접은 편물의 바깥쪽 모서리에 두세요.
원형 11단 좀 전에 뜬 마지막 코는 건너뛰기, 두 겹을 겹쳐서 다음 3코에 짧은뜨기(사진 2), 계속해서 돌아가며 뜨기, 다음 6코에 짧은뜨기, 코줄이기, (다음 5코에 짧은뜨기, 코줄이기) 3번 반복, 다음 6코에 짧은뜨기 [새로운 단 31코]
원형 12단 다음 14코에 짧은뜨기, 코줄이기, 다음 15코에 짧은뜨기 [30]
원형 13단 (다음 8코에 짧은뜨기, 코줄이기) 3번 반복 [27]
원형 14단 (다음 7코에 짧은뜨기, 코줄이기) 3번 반복 [24]
원형 15단 (다음 3코에 짧은뜨기, 코줄이기) 4번 반복, 다음 4코에 짧은뜨기 [20]
원형 16단 20코 모두 짧은뜨기 [20]
다음 코에 빼뜨기 해주세요. 실을 정리하고 실 끝을 꿰어서 숨겨주세요. 몸통에 솜을 꼼꼼히 넣어주세요(사진 3). 머리를 몸통에 꿰매어주세요. 이때 반드시 꼬리가 뒤쪽에 있어야 합니다.

날개(2개 만들기, 노란색 실로 떠주세요)

사슬뜨기로 5코 떠주세요. 기초 사슬코의 양쪽을 돌아가며 뜹니다.
원형 1단 코바늘에서 2번째 사슬코에서 시작, 다음 코에 코늘리기, 다음 2코에 짧은뜨기, 다음 코에 짧은뜨기 3. 계속해서 기초 사슬코의 나머지 한쪽에 뜨기, 다음 3코에 짧은뜨기(마지막 짧은뜨기는 이 단의 첫 번째 짧은뜨기를 한 코와 같은 코에 해주세요) [10]
원형 2단 다음 2코에 코늘리기, 다음 2코에 짧은뜨기, 다음 3코에 코늘리기, 다음 2코에 짧은뜨기, 다음 코에 코늘리기 [16]
원형 3단 16코 모두 빼뜨기 [16]
실을 정리하고, 꿰맬 수 있도록 실 꼬리를 길게 남겨주세요. 두 날개를 몸통의 양옆 원형 12-13단 위에 꿰매어주세요.

발(2개 만들기, 주황색 실로 떠주세요)

매직링에 [사슬뜨기 4, 다음 3사슬코에 빼뜨기(사진 4), 매직링에 짧은뜨기(사진 5)] 3번 반복으로 시작, 매직링에 짧은뜨기 2(사진 6), 사슬뜨기 3, 다음 2사슬코에 빼뜨기, 매직링에 짧은뜨기 2(사진 7), 이 단의 첫 번째 사슬코에 빼뜨기.

실을 정리하고, 꿰맬 수 있도록 실 꼬리를 길게 남겨주세요.

다리(2개 만들기, 주황색 실로 떠주세요)

서로 이어진 단에 떠주세요.

원형 1단 매직링에 짧은뜨기 6으로 시작, 다음 코에 빼뜨기 [6]

원형 2단 사슬뜨기 1, 6코 모두 뒤 반 코에만 짧은뜨기, 다음 코에 빼뜨기 [6]

원형 3-4단 사슬뜨기 1, 6코 모두 짧은뜨기, 다음 코에 빼뜨기 [6]

실을 정리하고, 꿰맬 수 있도록 실 꼬리를 길게 남겨주세요. 다리에 솜을 가볍게 넣어주세요. 원형 1단에 남은 앞 반 코들을 써서 양쪽 발을 두 다리에 꿰매어주세요(사진 8). 발의 뒷면이 다리의 매직링과 첫 번째 단과 맞닿아야 합니다. 두 다리를 몸통의 원형 6-8단 위에 5코 간격으로 꿰매어주세요.

마무리

병아리의 목둘레에 리본을 묶고, 예쁘게 나비 모양 매듭을 만들어주세요.

토끼 칠을 만들기 위해 준비해주세요

합태사
- 베이지색
- 연분홍색
- 흰색(남은 실)

코바늘 사이즈 2.5mm
나사형 단추눈(6mm)
진갈색 자수실
단수링
돗바늘
새틴 리본(길이 30cm, 폭 25mm)
인조 섬유 솜

[토끼 칠]

머리(베이지색 실로 떠주세요)

치피의 머리 만들기 부분을 반복해주세요.

뺨(2개 만들기, 연분홍색 실로 떠주세요)

치피의 뺨 만들기 부분을 반복해주세요.

귀(2개 만들기, 베이지색 실로 떠주세요)

원형 1단 매직링에 짧은뜨기 6으로 시작 [6]
원형 2단 6코 모두 코늘리기 [12]
원형 3단 (다음 3코에 짧은뜨기, 다음 코에 코늘리기) 3번 반복 [15]
원형 4단 (다음 4코에 짧은뜨기, 다음 코에 코늘리기) 3번 반복 [18]
원형 5단 (다음 5코에 짧은뜨기, 다음 코에 코늘리기) 3번 반복 [21]
원형 6-10단 21코 모두 짧은뜨기 [21]
원형 11단 (다음 5코에 짧은뜨기, 코줄이기) 3번 반복 [18]
원형 12-13단 18코 모두 짧은뜨기 [18]
원형 14단 (다음 4코에 짧은뜨기, 코줄이기) 3번 반복 [15]
원형 15-16단 15코 모두 짧은뜨기 [15]

다음 코에 빼뜨기 해주세요. 실을 정리하고, 꿰맬 수 있도록 실 꼬리를 길게 남겨주세요. 귀를 납작하게 만들어주세요. 솜은 넣지 않습니다. 양쪽 귀를 꼭 집어서(사진 9) 머리의 원형 3-4단 위에 꿰매어주세요. 진갈색 자수실로 코와 입을 수놓아주세요.

팔(2개 만들기, 베이지색 실로 떠주세요)

원형 1단   매직링에 짧은뜨기 8로 시작 [8]
원형 2-3단   8코 모두 짧은뜨기 [8]
원형 4단   코줄이기, 다음 6코에 짧은뜨기 [7]
원형 5-7단   7코 모두 짧은뜨기 [7]

다음 코에 빼뜨기 해주세요. 실을 정리하고, 꿰맬 수 있도록 실 꼬리를 길게 남겨주세요. 팔에는 솜을 넣지 않아도 돼요. 두 팔을 납작하게 만들고 몸통의 양옆, 원형 14~15단 위에 꿰매어주세요.

몸통(베이지색 실로 떠주세요)

원형 1-6단   치피의 몸통 만들기 부분을 반복해주세요.
원형 7-10단   36코 모두 짧은뜨기 [36]
원형 11단   (다음 10코에 짧은뜨기, 코줄이기) 3번 반복 [33]
원형 12단   (다음 9코에 짧은뜨기, 코줄이기) 3번 반복 [30]
원형 13단   (다음 8코에 짧은뜨기, 코줄이기) 3번 반복 [27]
원형 14단   (다음 7코에 짧은뜨기, 코줄이기) 3번 반복 [24]
원형 15단   (다음 4코에 짧은뜨기, 코줄이기) 4번 반복 [20]
원형 16단   20코 모두 짧은뜨기 [20]

다음 코에 빼뜨기 해주세요. 실을 정리하고 실 끝을 꿰어서 숨겨주세요. 몸통에 솜을 꼼꼼히 넣어주세요. 머리를 몸통에 꿰매어주세요.

다리(2개 만들기, 베이지색 실로 떠주세요)

원형 1단   매직링에 짧은뜨기 6으로 시작 [6]
원형 2단   6코 모두 코늘리기 [12]
원형 3단   다음 4코에 짧은뜨기, 다음 4코에 코늘리기, 다음 4코에 짧은뜨기 [16]
원형 4단   16코 모두 짧은뜨기 [16]
원형 5단   다음 4코에 짧은뜨기, 코줄이기 4번, 다음 4코에 짧은뜨기 [12]
원형 6단   다음 5코에 짧은뜨기, 코줄이기, 다음 5코에 짧은뜨기 [11]
원형 7-8단   11코 모두 짧은뜨기 [11]

다음 코에 빼뜨기 해주세요. 실을 정리하고, 꿰맬 수 있도록 실 꼬리를

길게 남겨주세요. 양쪽 다리에 솜을 꼼꼼히 넣어주세요. 두 다리를 몸통의 원형 5-8단 위에 6코 간격으로 꿰매어주세요.

꼬리 (흰색 실로 떠주세요)

원형 1단   매직링에 짧은뜨기 6으로 시작 [6]

다음 코에 빼뜨기 해주세요. 실을 정리하고, 꿰맬 수 있도록 실 꼬리를 길게 남겨주세요. 꼬리를 몸통의 뒤쪽 원형 5-7단 위에 꿰매어주세요 (사진 10).

마무리

토끼의 목둘레에 리본을 묶고, 예쁘게 나비 모양 매듭을 만들어주세요.

달걀을 만들기 위해 준비해주세요

합태사
- 분홍색
- 연녹색
- 청록색
- 연보라색
- 진보라색

코바늘 사이즈 2.5mm
단수링
돗바늘
인조 섬유 솜

달걀 (색깔은 마음대로 써주세요. 여기에서는 청록색 실로 시작할게요)

원형 1단   매직링에 짧은뜨기 6으로 시작 [6]

원형 2단   6코 모두 코늘리기 [12]

원형 3단   (다음 코에 짧은뜨기, 다음 코에 코늘리기) 6번 반복 [18]

원형 4단   다음 코에 짧은뜨기, 다음 코에 코늘리기, (다음 2코에 짧은뜨기, 다음 코에 코늘리기) 5번 반복, 다음 코에 짧은뜨기 [24]

원형 5단   (다음 3코에 짧은뜨기, 다음 코에 코늘리기) 6번 반복 [30]

원형 6-7단   30코 모두 짧은뜨기 [30]

연녹색 실로 교체해주세요.

원형 8단   (다음 코에 짧은뜨기, 다음 코에 스파이크뜨기) 15번 반복 [30]

원형 9-10단   30코 모두 짧은뜨기 [30]

분홍색 실로 교체해주세요.

원형 11단   (다음 코에 짧은뜨기, 다음 코에 스파이크뜨기) 15번 반복 [30]

원형 12단   다음 4코에 짧은뜨기, (코줄이기, 다음 8코에 짧은뜨기) 2번 반복, 코줄이기, 다음 4코에 짧은뜨기 [27]

원형 13단   27코 모두 짧은뜨기 [27]

원형 14단   (다음 7코에 짧은뜨기, 코줄이기) 3번 반복 [24]

원형 15단   다음 3코에 짧은뜨기, (코줄이기, 다음 6코에 짧은뜨기) 2번 반복, 코줄이기, 다음 3코에 짧은뜨기 [21]

원형 16단   (다음 5코에 짧은뜨기, 코줄이기) 3번 반복 [18]

원형 17단   다음 2코에 짧은뜨기, (코줄이기, 다음 4코에 짧은뜨기) 2번 반복, 코줄이기, 다음 2코에 짧은뜨기 [15]

달걀에 솜을 꼼꼼히 넣어주세요.

원형 18단   (다음 3코에 짧은뜨기, 코줄이기) 3번 반복 [12]

원형 19단   다음 코에 짧은뜨기, (코줄이기, 다음 2코에 짧은뜨기) 2번 반복, 코줄이기, 다음 코에 짧은뜨기 [9]

실을 정리하고, 실 꼬리를 남겨주세요. 돗바늘로 남은 코들의 앞 반 코에 실 꼬리를 꿰어준 다음 바짝 당겨 조여주세요. 실 끝을 꿰어서 숨겨주세요. 완전히 조이기 전에 솜을 조금 더 넣어주세요.

한 가지 색으로 달걀을 만들 경우, 패턴을 반복하되 다음과 같이 스파이크뜨기는 생략해주세요.

원형 6-11단   30코 모두 짧은뜨기 [30]

우리 결혼했어요!

신부 소피아와 신랑 파블로예요. 이미구루미스의 디자인입니다.

결혼은 사랑에 빠진 두 사람이 언제나 서로를 아껴주겠다고 맹세하는 무엇보다도 가장 로맨틱한 기념식입니다. 여기 소피아와 파블로가 있어요. 이들은 곧 있을 결혼식을 앞두고 꽤나 긴장을 했답니다. 소피아는 결혼식을 위해 베일과 부케, 로맨틱한 사진 촬영을 위한 우산과 파티 때 쓸 티아라까지 모든 걸 준비했어요. 자, 우리 함께 이들의 행복한 날을 축하해줍시다!

난이도: ★★
사이즈: 기재된 실로 만들 경우 높이 15cm

아미구루미 갤러리: 사진을 공유하고 아이디어를 얻기 위해 QR코드를 스캔하거나 www.amigurumi.com/3613에 방문해주세요.

신부 소피아를 만들기 위해 준비해주세요

합태사
- 피부색
- 흰색
- 진갈색
- 분홍색(남은 실)
- 연회색(남은 실)

코바늘 사이즈 2.5mm
나사형 단추눈(6mm)
돗바늘
단수링
우산용 막대기나 긴 이쑤시개(길이 약 10cm)
섬유 접착제
인조 섬유 솜

[신부 소피아]

다리(2개 만들기, 흰색 실로 시작)

원형 1단 매직링에 짧은뜨기 5로 시작 [5]
원형 2단 5코 모두 코늘리기 [10]
원형 3단 10코 모두 짧은뜨기 [10]
피부색 실로 교체해주세요.
원형 4-6단 10코 모두 짧은뜨기 [10]
흰색 실로 교체해주세요.
원형 7단 10코 모두 짧은뜨기 [10]
첫 번째 다리의 실을 정리해주세요. 마지막 코를 표시해주세요. 두 번째 다리의 실은 정리하지 않습니다. 다음 단에서 양쪽 다리를 연결하여 몸통을 만들어줄 거예요.

몸통과 머리(흰색 실로 떠주세요)

원형 8단 사슬뜨기 2, 첫 번째 다리에 표시해 둔 코의 옆 코에 짧은뜨기(사진 1), 첫 번째 다리의 다음 9코에 짧은뜨기, 다음 2사슬코에 짧은뜨기, 두 번째 다리의 10코 모두 짧은뜨기, 다음 2사슬코의 나머지 한쪽에 짧은뜨기 [24] (사진 2)
원형 9단 (다음 3코에 짧은뜨기, 다음 코에 코늘리기) 6번 반복 [30]
원형 10-11단 30코 모두 짧은뜨기 [30]
양쪽 다리와 몸통에 솜을 꼼꼼히 넣어주고 계속 뜨면서 솜을 넣어주세요.
원형 12단 30코 모두 뒤 반 코에만 짧은뜨기 [30]
원형 13단 (다음 3코에 짧은뜨기, 코줄이기) 6번 반복 [24]
원형 14단 24코 모두 짧은뜨기 [24]
원형 15단 (다음 2코에 짧은뜨기, 코줄이기) 6번 반복 [18]
원형 16단 18코 모두 짧은뜨기 [18]
피부색 실로 교체해주세요.
원형 17단 18코 모두 뒤 반 코에만 짧은뜨기 [18]
원형 18단 (다음 코에 짧은뜨기, 코줄이기) 6번 반복 [12]
원형 19-20단 12코 모두 짧은뜨기 [12]
원형 21단 12코 모두 코늘리기 [24]
원형 22단 (다음 3코에 짧은뜨기, 다음 코에 코늘리기) 6번 반복 [30]
원형 23단 (다음 4코에 짧은뜨기, 다음 코에 코늘리기) 6번 반복 [36]
원형 24단 (다음 5코에 짧은뜨기, 다음 코에 코늘리기) 6번 반복 [42]
원형 25단 (다음 13코에 짧은뜨기, 다음 코에 코늘리기) 3번 반복 [45]
원형 26-34단 45코 모두 짧은뜨기 [45]
나사형 단추눈을 원형 27단과 28단 사이에 7코 간격으로 넣어주세요. 머리에 솜을 꼼꼼히 넣고(특히 목 부분) 계속 뜨면서 솜을 넣어주세요. 피부색 실로 원형 26단과 27단 사이에 1코 너비로 코를 작게 수놓아주세요. 같은 코에 3-4번 실을 꿰어주면 세로로 몇 개의 코가 만들어집니다. 양쪽 뺨은 분홍색 실로 수놓아주세요.
원형 35단 (다음 13코에 짧은뜨기, 코줄이기) 3번 반복 [42]
원형 36단 (다음 5코에 짧은뜨기, 코줄이기) 6번 반복 [36]
원형 37단 (다음 4코에 짧은뜨기, 코줄이기) 6번 반복 [30]
원형 38단 (다음 3코에 짧은뜨기, 코줄이기) 6번 반복 [24]
원형 39단 (다음 2코에 짧은뜨기, 코줄이기) 6번 반복 [18]
원형 40단 (다음 코에 짧은뜨기, 코줄이기) 6번 반복 [12]
원형 41단 코줄이기 6번 [6]
실을 정리하고, 실 꼬리를 남겨주세요. 돗바늘로 남은 코들의 앞 반 코에 실 꼬리를 꿰어준 다음 바짝 당겨서 조여주세요. 실 끝을 꿰어서 숨겨주세요.

스커트(흰색 실로 떠주세요)

다리가 달린 몸통이 여러분의 반대쪽을 향하도록 두세요. 몸통의 뒤쪽 원형 12단의 남은 앞 반 코들 중 하나에서 흰색 실의 고리를 당겨 올려주세요(사진 3-4).

원형 1단 30코 모두 앞 반 코에만 짧은뜨기 [30]

원형 2단 (다음 2코에 짧은뜨기, 다음 코에 코늘리기) 10번 반복 [40]

원형 3단 40코 모두 짧은뜨기 [40]

원형 4단 다음 11코에 짧은뜨기, 다음 코에 코늘리기, 다음 19코에 짧은뜨기, 다음 코에 코늘리기, 다음 8코에 짧은뜨기 [42]

원형 5-7단 42코 모두 짧은뜨기 [42]

원형 8단 (다음 20코에 짧은뜨기, 다음 코에 코늘리기) 2번 반복 [44]

원형 9단 44코 모두 짧은뜨기 [44]

원형 10단 사슬뜨기 2, (다음 코에 긴뜨기, 다음 코에 빼뜨기, 사슬뜨기 2) 21번 반복, 다음 코에 긴뜨기 [물결무늬 21개]

첫 번째 사슬 2코 구멍에 빼뜨기하여 연결해주세요. 실을 정리하고 실 끝을 꿰어서 숨겨주세요.

팔(2개 만들기, 피부색 실로 떠주세요)

원형 1단 매직링에 짧은뜨기 6으로 시작 [6]

원형 2-9단 6코 모두 짧은뜨기 [6]

실을 정리하고, 실 꼬리를 남겨주세요. 팔에는 솜을 넣지 않아도 돼요. 팔을 납작하게 만들고 꿰매어서 막아주고 실 꼬리는 남겨주세요. 두 팔을 몸통의 양옆, 원형 18-19단 위에 꿰매어주세요. 실 끝을 꿰어서 숨겨주세요.

드레스 칼라(흰색 실로 떠주세요)

사슬뜨기로 37코 떠주세요. 단뜨기로 뜹니다.

1단 코바늘에서 2번째 사슬코에서 시작, 다음 4코에 빼뜨기, 다음 28코에 짧은뜨기, 다음 4코에 빼뜨기 [36]

실을 정리하고, 실 꼬리를 길게 남겨주세요. 칼라를 어깨에 두르고 양쪽 끝이 두세 코 정도 겹치도록 놓아준 다음, 실 꼬리로 앞쪽에서 양쪽 끝을 함께 꿰매어주세요(사진 5). 뒤쪽 중앙에서도 칼라를 3코 꿰매어주세요(사진 6). 실 끝을 꿰어서 숨겨주세요.

기본 머리카락(진갈색 실로 떠주세요)

원형 1단 매직링에 짧은뜨기 6으로 시작 [6]

원형 2단 6코 모두 코늘리기 [12]

원형 3단 (다음 코에 짧은뜨기, 다음 코에 코늘리기) 6번 반복 [18]

원형 4단 (다음 2코에 짧은뜨기, 다음 코에 코늘리기) 6번 반복 [24]

원형 5단 (다음 3코에 짧은뜨기, 다음 코에 코늘리기) 6번 반복 [30]

원형 6단 (다음 4코에 짧은뜨기, 다음 코에 코늘리기) 6번 반복 [36]

원형 7단 (다음 5코에 짧은뜨기, 다음 코에 코늘리기) 6번 반복 [42]

원형 8단 (다음 6코에 짧은뜨기, 다음 코에 코늘리기) 6번 반복 [48]

원형 9-15단 48코 모두 짧은뜨기 [48]

다음 단에서 앞쪽에 긴 머리 가닥들을 만들어줄 거예요.

원형 16단 (사슬뜨기 66, 코바늘에서 2번째 사슬코에서 시작, 다음 40사슬코에 짧은뜨기, 다음 사슬코에 빼뜨기, 다음 사슬코에 짧은뜨기, 다음 21사슬코에 긴뜨기, 다음 사슬코에 짧은뜨기, 다음 사슬코에 빼뜨기, 기본 머리카락 부분의 다음 코에 빼뜨기) 2번 반복, (사슬뜨기 67, 코바늘에서 2번째 사슬코에서 시작, 다음 40사슬코에 짧은뜨기, 다음 사슬코에 빼뜨기, 다음 사슬코에 짧은뜨기, 다음 22사슬코에 긴뜨기, 다음 사슬코에 짧은뜨기, 다음 사슬코에 빼뜨기, 기본 머리카락 부분의 다음 코에 빼뜨기) 2번 반복, [사슬뜨기 66(사진 7), 코바늘에서 2번째 사슬코에서 시작, 다음 40사슬코에 짧은뜨기, 다음 사슬코에 빼뜨기, 다음 사슬코에 짧은뜨기, 다음 21사슬코에 긴뜨기, 다음 사슬코에 짧은뜨기, 다음 사슬코에 빼뜨기, 기본 머리카락 부분의 다음 코에 빼뜨기] 2번 반복 [머리 가닥 6]

실을 정리하고, 꿰맬 수 있도록 실 꼬리를 길게 남겨주세요.

올림머리(진갈색 실로 떠주세요)

원형 1단 매직링에 짧은뜨기 6으로 시작 [6]

원형 2단 6코 모두 코늘리기 [12]

원형 3단 (다음 코에 짧은뜨기, 다음 코에 코늘리기) 6번 반복 [18]

원형 4단 (다음 2코에 짧은뜨기, 다음 코에 코늘리기) 6번 반복 [24]
원형 5-7단 24코 모두 짧은뜨기 [24]
원형 8단 (다음 2코에 짧은뜨기, 코줄이기) 6번 반복 [18]
실을 정리하고, 꿰맬 수 있도록 실 꼬리를 길게 남겨주세요.

머리카락 마무리하기

- 기본 머리카락을 머리 위에 올려주세요. 앞쪽은 코에서 8단 위에 위치해야 합니다.
- 머리 스타일을 만들어주세요. 3개의 긴 머리 가닥을 꼬아서 오른쪽에 핀으로 꽂아주세요(사진 8-9). 나머지 3개의 긴 머리 가닥을 꼬아서 왼쪽에 핀으로 꽂아주세요(사진 10-12). 머리 가닥들을 머리카락 뒤쪽 중앙에 늘어뜨려 둡니다.
- 기본 머리카락을 머리에 꿰매어주세요. 머리 가닥에 꽂아둔 핀들을 제거하고 머리 가닥들을 기본 머리카락에 접착제로 붙이거나 느슨하게 꿰매어주세요.
- 올림머리를 머리카락의 위에 올려준 다음, 가볍게 솜을 넣어주고 꿰매어주세요(사진 13).

베일 (흰색 실로 떠주세요)

사슬뜨기로 33코 떠주세요. 단뜨기로 뜹니다.

1단 코바늘에서 3번째 사슬코에서 시작, 다음 9사슬코에 한길긴뜨기, 사슬뜨기 3(사진 14), 편물 돌리기 [9] / 남은 코들은 뜨지 않고 남겨두세요.

2단 다음 코에 한길긴뜨기+사슬뜨기 2+한길긴뜨기(사진 15), (1코 건너뛰기, 다음 코에 한길긴뜨기+사슬뜨기 2+한길긴뜨기) 3번 반복(사진 16), 다음 코에 사슬뜨기 1+한길긴뜨기, 사슬뜨기 3(사진 17) 편물 돌리기.

3단 이전 단의 사슬 1코 구멍에 한길긴뜨기 2+사슬뜨기 2+한길긴뜨기 2, (사진 18) (사슬뜨기 1, 이전 단의 사슬 2코 구멍에 한길긴뜨기 2+사슬뜨기 2+한길긴뜨기 2) 5번 반복, 다음 코에 사슬뜨기 1+한길긴뜨기, 사슬뜨기 3, 편물 돌리기 (사진 19).

4-7단 이전 단의 사슬 1코 구멍에 한길긴뜨기+사슬뜨기 2+한길긴뜨기, 이전 단의 사슬 2코 구멍에 한길긴뜨기 2+사슬뜨기 2+한길긴뜨기 2, (이전 단의 사슬 2코 구멍에 한길긴뜨기+사슬뜨기 2+한길긴뜨기, 이전 단의 사슬 2코 구멍에 한길긴뜨기 2+사슬뜨기 2+한길긴뜨기 2) 5번 반복, 이전 단의 사슬 1코 구멍에 한길긴뜨기

+사슬뜨기 2+한길긴뜨기, 다음 코에 한길긴뜨기(사진 20 - 21), 사슬뜨기 3, 편물 돌리기.

8단 이전 단의 사슬 1코 구멍에 한길긴뜨기+사슬뜨기 2+한길긴뜨기, 이전 단의 사슬 2코 구멍에 한길긴뜨기 2+사슬뜨기 2+한길긴뜨기 2, (이전 단의 사슬 2코 구멍에 한길긴뜨기+사슬뜨기 2+한길긴뜨기, 이전 단의 사슬 2코 구멍에 한길긴뜨기 2+사슬뜨기 2+한길긴뜨기 2) 5번 반복, 이전 단의 사슬 1코 구멍에 한길긴뜨기+사슬뜨기 2+한길긴뜨기, 다음 코에 한길긴뜨기.

실을 정리하고 실 끝을 꿰어서 숨겨주세요.

우산(흰색 실로 떠주세요)

원형 1단 매직링에 짧은뜨기 6으로 시작 [6]
원형 2단 6코 모두 코늘리기 [12]
원형 3단 (다음 코에 짧은뜨기, 다음 코에 코늘리기) 6번 반복 [18]
원형 4단 (다음 2코에 짧은뜨기, 다음 코에 코늘리기) 6번 반복 [24]
원형 5단 (다음 3코에 짧은뜨기, 다음 코에 코늘리기) 6번 반복 [30]
원형 6단 (다음 4코에 짧은뜨기, 다음 코에 코늘리기) 6번 반복 [36]
원형 7단 (다음 5코에 짧은뜨기, 다음 코에 코늘리기) 6번 반복 [42]
원형 8단 (다음 6코에 짧은뜨기, 다음 코에 코늘리기) 6번 반복 [48]

원형 9-10단　48코 모두 짧은뜨기 [48]
원형 11단　(다음 8코에 빼뜨기, 사슬 3코 피코뜨기) 6번 반복 [48 + 피코뜨기 6]
실을 정리하고 실 끝을 꿰어서 숨겨주세요.

우산 꼭지(흰색 실로 떠주세요)

사슬뜨기로 2코 떠주세요. 원형뜨기로 뜹니다.
원형 1단　코바늘에서 2번째 사슬코에서 시작, 시작 사슬코에 짧은뜨기 4 [4]
원형 2단　4코 모두 짧은뜨기 [4]
실을 정리하고, 실 꼬리를 남겨주세요. 우산 꼭지를 우산의 상단에 꿰매어주세요. 실 끝을 꿰어서 숨겨주세요(사진 22).

신부의 부케(흰색 실로 떠주세요)

원형 1단　매직링에 짧은뜨기 6으로 시작 [6]
원형 2-4단　6코 모두 짧은뜨기 [6]
원형 5단　6코 모두 코늘리기 [12]
원형 6단　(다음 코에 짧은뜨기, 다음 코에 코늘리기) 6번 반복 [18]
원형 7단　(다음 코에 짧은뜨기, 코줄이기) 6번 반복 [12]
실을 정리하고 실 끝을 꿰어서 숨겨주세요.

꽃(3개 만들기, 분홍색 실로 떠주세요)

사슬뜨기로 11코 떠주세요. 단뜨기로 당기면서 떠주세요.
1단　코바늘에서 2번째 사슬코에서 시작, 다음 3사슬코에 빼뜨기, 다음 7사슬코에 짧은뜨기 [10]
실을 정리하고, 실 꼬리를 길게 남겨주세요. 꽃을 말아준 다음 풀어지지 않도록 실 꼬리로 꿰매어주세요. 꿰맬 수 있도록 실 꼬리를 남겨둡니다(사진 23-24).
세 개의 꽃을 신부의 부케에 꿰매어주세요. 실 끝을 꿰어서 숨겨주세요(사진 25-26).

티아라(연회색 실로 떠주세요)

사슬뜨기로 31코 떠주세요. 단뜨기로 뜹니다.
1단　코바늘에서 2번째 사슬코에서 시작, 30사슬코 모두 짧은뜨기 [30]
실을 정리하고, 실 꼬리를 남겨주세요. 양 끝을 함께 꿰매어서 원을 만들어주세요. 30번째 사슬코에서 앞쪽으로 세웠을 때 11번째 코에서 연회색 실의 고리를 당겨 올려주세요.
2단　11번째 코에 빼뜨기, 다음 코에 짧은뜨기, 다음 코에 긴뜨기+한길긴뜨기, 사슬뜨기 2, 코바늘에서 2번째 사슬코에서 시작, 시작 사슬코에 짧은뜨기, 다음 코에 한길긴뜨기+긴뜨기, 다음 코에 짧은뜨기, 다음 코에 빼뜨기 [10]
실을 정리하고 실 끝을 꿰어서 숨겨주세요(사진 27).

조립하기

- 베일의 기초 사슬코를 올림머리에 감아주세요. 베일의 원형 1단의 마지막 코에 사슬코를 꿰매어주세요(사진 28). 머리카락에 꿰매는 것이 아니어서 베일은 뺄 수 있어요(사진 29). 베일의 양옆을 안으로 접어주세요.
- 티아라를 올림머리에 끼워주세요.
- 막대기나 긴 이쑤시개를 우산의 중앙에 접착제로 붙여주세요.
- 피부색 실로 부케를 신부의 한쪽 팔에 꿰매어주세요.

신랑 파블로를 만들기 위해 준비해주세요

합태사
- 피부색
- 진회색
- 연갈색
- 흰색

코바늘 사이즈 2.5mm
나사형 단추눈(6mm)
돗바늘
단수링
인조 섬유 솜

[신랑 파블로]

다리(2개 만들기, 진회색 실로 시작)

원형 1단 매직링에 짧은뜨기 5로 시작 [5]
원형 2단 5코 모두 코늘리기 [10]
원형 3-7단 10코 모두 짧은뜨기 [10]

첫 번째 다리의 실을 정리하고 실 끝을 꿰어서 숨겨주세요. 마지막 코를 표시해두세요. 두 번째 다리의 실은 정리하지 않습니다. 다음 단에서 양쪽 다리를 연결하여 몸통을 만들어줄 거예요.

몸통과 머리(진회색 실로 시작)

원형 8단 사슬뜨기 2, 첫 번째 다리의 표시해 둔 코의 옆 코에 짧은뜨기(사진 30), 첫 번째 다리의 다음 9코에 짧은뜨기, 다음 2사슬코에 짧은뜨기, 두 번째 다리의 10코 모두 짧은뜨기, 다음 2사슬코의 나머지 한쪽에 짧은뜨기 [24]

방금 뜬 마지막 코를 표시해주세요. 여기가 단의 새로운 시작점입니다(사진 31).

원형 9단 24코 모두 짧은뜨기 [24]
원형 10단 (다음 3코에 짧은뜨기, 다음 코에 코늘리기) 6번 반복 [30]
원형 11-12단 30코 모두 짧은뜨기 [30]

양쪽 다리와 몸통에 솜을 꼼꼼히 넣고 계속 뜨면서 솜을 넣어주세요. 흰색 실로 교체해주세요.

원형 13단 30코 모두 뒤 반 코에만 짧은뜨기 [30]
원형 14단 (다음 3코에 짧은뜨기, 코줄이기) 6번 반복 [24]
원형 15단 24코 모두 짧은뜨기 [24]
원형 16단 (다음 2코에 짧은뜨기, 코줄이기) 6번 반복 [18]
원형 17-18단 18코 모두 짧은뜨기 [18]
원형 19단 (다음 코에 짧은뜨기, 코줄이기) 6번 반복 [12]
원형 20단 12코 모두 짧은뜨기 [12]

피부색 실로 교체해주세요.

원형 21단 12코 모두 뒤 반 코에만 짧은뜨기 [12]
원형 22단 12코 모두 코늘리기 [24]
원형 23단 (다음 3코에 짧은뜨기, 다음 코에 코늘리기) 6번 반복 [30]
원형 24단 (다음 4코에 짧은뜨기, 다음 코에 코늘리기) 6번 반복 [36]
원형 25단 (다음 5코에 짧은뜨기, 다음 코에 코늘리기) 6번 반복 [42]
원형 26단 (다음 13코에 짧은뜨기, 다음 코에 코늘리기) 3번 반복 [45]
원형 27-36단 45코 모두 짧은뜨기 [45]

나사형 단추눈을 원형 28단과 29단의 사이에 7코 간격으로 넣어주세요. 머리에 솜을 꼼꼼히 넣고(특히 목 부분) 계속 뜨면서 솜을 넣어주세요. 피부색 실로 원형 27단과 28단 사이에 1코 너비로 코를 작게 수놓아주세요. 같은 코에 실을 3-4번 꿰어주면 세로로 몇 코가 만들어질 거예요.

원형 37단 (다음 13코에 짧은뜨기, 코줄이기) 3번 반복 [42]
원형 38단 (다음 5코에 짧은뜨기, 코줄이기) 6번 반복 [36]
원형 39단 (다음 4코에 짧은뜨기, 코줄이기) 6번 반복 [30]
원형 40단 (다음 3코에 짧은뜨기, 코줄이기) 6번 반복 [24]

원형 41단 (다음 2코에 짧은뜨기, 코줄이기) 6번 반복 [18]
원형 42단 (다음 코에 짧은뜨기, 코줄이기) 6번 반복 [12]
원형 43단 코줄이기 6번 [6]
실을 정리하고, 실 꼬리를 남겨주세요. 돗바늘로 남은 코들의 앞 반 코에 실 꼬리를 꿰어준 다음 바짝 당겨서 조여주세요. 실 끝을 꿰어서 숨겨주세요.

팔 (2개 만들기, 피부색 실로 시작)

원형 1단 매직링에 짧은뜨기 6으로 시작 [6]
원형 2단 6코 모두 짧은뜨기 [6]
흰색 실로 교체해주세요.
원형 3-9단 소피아의 팔 만들기 부분을 반복해주세요.
실을 정리하고, 실 꼬리를 남겨주세요. 팔에는 솜을 넣지 않아도 돼요. 팔을 납작하게 만들고 꿰매서 막아주고 실 꼬리를 남겨주세요. 두 팔을 몸통의 양옆 원형 19단과 20단 위에 꿰매어주세요. 실 끝을 꿰어서 숨겨주세요.

멜빵 (2개 만들기, 진회색 실로 떠주세요)

다리가 달린 인형이 여러분의 반대쪽을 향하도록 놓아주세요. 몸통의 뒤쪽 원형 13단의 첫 번째 앞 반 코에서 진회색 실의 고리를 당겨 올려주세요(사진 32).
사슬뜨기로 22코 떠주세요. 실을 정리하고, 실 꼬리를 길게 남겨주세요(사진 33). 경우에 따라서는 사슬뜨기 한 부분이 어깨를 지나 앞쪽에 오기까지 몇 코 더 뜨거나 덜 떠야 할 수도 있어요. 4코나 5코 왼쪽으로 간 다음 진회색 실의 고리를 당겨 올려주세요(사진 34 - 35). 동일한 방법으로 두 번째 끈을 만들어주세요. 실 꼬리로 각각의 끈을 몸통의 앞쪽에 7코나 8코 간격으로 꿰매어주세요. 실 끝을 꿰어서 숨겨주세요.

머리카락 (연갈색 실로 떠주세요)

원형 1단 매직링에 짧은뜨기 6으로 시작 [6]
원형 2단 6코 모두 코늘리기 [12]
원형 3단 (다음 코에 짧은뜨기, 다음 코에 코늘리기) 6번 반복 [18]
원형 4단 (다음 2코에 짧은뜨기, 다음 코에 코늘리기) 6번 반복 [24]
원형 5단 (다음 3코에 짧은뜨기, 다음 코에 코늘리기) 6번 반복 [30]
원형 6단 (다음 4코에 짧은뜨기, 다음 코에 코늘리기) 6번 반복 [36]
원형 7단 (다음 5코에 짧은뜨기, 다음 코에 코늘리기) 6번 반복 [42]
원형 8단 (다음 6코에 짧은뜨기, 다음 코에 코늘리기) 6번 반복 [48]
원형 9-14단 48코 모두 짧은뜨기 [48]
계속해서 단뜨기로 떠주세요.
15단 다음 26코에 짧은뜨기, 사슬뜨기 1, 편물 돌리기 [26] / 남은 코들은 뜨지 않고 남겨두세요.
16단 다음 46코에 짧은뜨기, 사슬뜨기 1, 편물 돌리기 [46]
17단 다음 21코에 짧은뜨기 [21] (사진 36)
편물을 돌리지 않습니다. 계속해서 원형뜨기로 떠주세요.
원형 18단 (사슬뜨기 4, 다음 코에 짧은뜨기) 4번 반복(사진 37), (사슬뜨기 3, 다음 코에 짧은뜨기, 사슬뜨기 4, 다음 코에 짧은뜨기) 4번 반복, 사슬뜨기 3(사진 38), 다음 11코에 짧은뜨기, 다음 2단의 가장자리에 짧은뜨기, 다음 코(살짝 들어간 부분)에 빼뜨기, 다음 2단의

38

39

40

41

가장자리에 짧은뜨기(사진 39), 다음 5코에 짧은뜨기(사진 40), (사슬뜨기 3, 다음 코에 짧은뜨기, 사슬뜨기 4, 다음 코에 짧은뜨기) 4번 반복, (사슬뜨기 4, 다음 코에 짧은뜨기) 6번 반복, 사슬뜨기 3, 다음 코에 빼뜨기.

실을 정리하고, 꿰맬 수 있도록 실 꼬리를 길게 남겨주세요. 머리카락을 머리에 꿰매어주세요. 오른쪽 눈에서 6단 올라간 위치에 꿰매어주면 됩니다.

나비넥타이 (진회색 실로 떠주세요)

사슬뜨기로 6코 떠주세요. 단뜨기로 뜹니다.

1단   코바늘에서 2번째 사슬코에서 시작, 다음 2사슬코에 짧은뜨기, 다음 사슬코에 빼뜨기, 다음 2사슬코에 짧은뜨기, 사슬뜨기 1, 편물 돌리기 [5]

2단   이번 단은 뒤 반 코에만 뜨기, 다음 2코에 짧은뜨기, 다음 코에 빼뜨기, 다음 2코에 짧은뜨기 [5]

실을 정리하고 실 끝을 꿰어서 숨겨주세요. 새로운 진회색 실 한 가닥으로 나비넥타이의 가운데를 단단히 감은 다음 매듭을 지어주면 완성입니다. 꿰맬 수 있도록 실 꼬리를 남겨주세요(사진 41). 나비넥타이를 몸통의 앞쪽, 머리 바로 밑 멜빵 사이에 꿰매어주세요. 실 끝을 꿰어서 숨겨주세요.

모자 (진회색 실로 떠주세요)

원형 1단   매직링에 짧은뜨기 5로 시작 [5]
원형 2단   5코 모두 코늘리기 [10]
원형 3단   (다음 코에 짧은뜨기, 다음 코에 코늘리기) 5번 반복 [15]
원형 4단   (다음 2코에 짧은뜨기, 다음 코에 코늘리기) 5번 반복 [20]
원형 5단   20코 모두 뒤 반 코에만 짧은뜨기 [20]
원형 6-9단   20코 모두 짧은뜨기 [20]
원형 10단   20코 모두 앞 반 코에만 짧은뜨기 [20]
원형 11단   20코 모두 코늘리기 [40]
원형 12단   40코 모두 짧은뜨기 [40]

다음 코에 빼뜨기를 해주세요. 실을 정리하고 실 끝을 꿰어서 숨겨주세요. 모자에는 솜을 넣지 않아도 돼요. 모자를 머리카락에 꿰매어주세요.

과자를 안 주면 장난칠 거예요!

핼러윈 분장을 한 조이와 윌리예요. 예실토스바의 디자인입니다.

과자를 안 주면 장난칠 거예요! 핼러윈이 돌아오니 으스스한 기운이 감돌아요. 여러분은 코스튬을 차려입고 집집마다 돌아다니며 사탕을 얻는 걸 좋아하나요? 윌리와 조이는 정말 좋아한답니다! 윌리와 조이는 몇 달 전부터 부모님께 코스튬을 만들어달라고 부탁해두고, 본인들은 좋아하는 판타지 영화들을 다시 보느라 바빴어요. 그리고 일 년 중 가장 으스스한 저녁이 찾아오고, 그들은 가방에 사탕이 가득 찰 때까지 최대한 밖을 돌아다닐 거예요!

난이도: ★★
사이즈: 기재된 실로 만들 경우 높이 22cm

아미구루미 갤러리: 사진을 공유하고 아이디어를 얻기 위해 QR코드를 스캔하거나 www.amigurumi.com/3614에 방문해주세요.

윌리를 만들기 위해 준비해주세요

합태사
- 피부색
- 흰색
- 주황색
- 초록색
- 검은색
- 보라색
- 회색

병태사 모헤어사
- 주황색

코바늘 사이즈 2.5mm
코바늘 사이즈 3mm
나사형 단추눈(10mm)
검은색 자수실
돗바늘
가위
인조 섬유 솜
선택사항: 블러셔

[윌리]

첫 번째 다리 (회색 실로 시작)

사슬뜨기로 7코 떠주세요. 기초 사슬코의 양쪽을 돌아가며 뜹니다.

원형 1단 코바늘에서 2번째 사슬코에서 시작, 다음 코에 코늘리기, 다음 4코에 짧은뜨기, 다음 코에 코늘리기. 계속해서 기초 사슬코의 나머지 한쪽에 뜨기, 다음 4코에 짧은뜨기, 마지막 코는 건너뛰기 [12]

원형 2단 다음 코에 짧은뜨기 3, 다음 2코에 코늘리기, 다음 4코에 짧은뜨기, 다음 코에 코늘리기, 다음 4코에 짧은뜨기 [17]

원형 3단 다음 5코에 코늘리기, 다음 5코에 빼뜨기, 다음 3코에 코늘리기, 다음 4코에 빼뜨기 [25]

원형 4단 25코 모두 뒤 반 코에만 짧은뜨기 [25]

원형 5단 25코 모두 짧은뜨기 [25]

원형 6단 다음 23코에 짧은뜨기 [23] / 남은 코들은 뜨지 않고 남겨두세요. 단수링을 마지막 코에 옮겨주세요. 여기가 단의 새로운 시작 지점이에요.

원형 7단 코줄이기 6번, 다음 13코에 짧은뜨기 [19]

원형 8단 코줄이기 3번, 다음 11코에 짧은뜨기, 코줄이기 [15]

원형 9단 코줄이기 2번, 다음 11코에 짧은뜨기 [13]

원형 10-11단 13코 모두 짧은뜨기 [13]

원형 12단 다음 8코에 짧은뜨기 [8] / 남은 코들은 뜨지 않고 남겨두세요. 여기가 다리의 뒤쪽이어야 해요. 이 지점까지 뜨기 위해 필요하다면 짧은뜨기로 몇 코 더 뜨거나 덜 떠주세요(사진 1).

다음 단들은 흰색 실과 보라색 실을 번갈아가면서 떠주세요. 색상 변경은 회색과 기울임체로 표기해 두었어요.

원형 13단 (흰색) 13코 모두 뒤 반 코에만 짧은뜨기 [13]

원형 14단 (보라색) 13코 모두 짧은뜨기 [13]

원형 15단 (흰색) 13코 모두 짧은뜨기 [13]

원형 16단 (보라색) 13코 모두 짧은뜨기 [13]

원형 17단 (흰색) 13코 모두 짧은뜨기 [13]

원형 18단 (보라색) 13코 모두 짧은뜨기 [13]

피부색 실로 교체해주세요.

원형 19단 13코 모두 뒤 반 코에만 짧은뜨기 [13]

원형 20-24단 13코 모두 짧은뜨기 [13]

실을 정리하고 실 끝을 꿰어서 숨겨주세요. 윌리의 신발 원형 9-11단의 뒤 반 코들에 초록색 실로 신발 끈을 만들어주세요(사진 2).

두 번째 다리 (회색 실로 시작)

원형 1-12단 첫 번째 다리 만들기의 원형 1-12단을 반복해주세요.
초록색 실로 교체해주세요.
원형 13단 13코 모두 뒤 반 코에만 짧은뜨기 [13]
원형 14-19단 13코 모두 짧은뜨기 [13]
피부색 실로 교체해주세요.
원형 20단 13코 모두 뒤 반 코에만 짧은뜨기 [13]
원형 21-24단 13코 모두 짧은뜨기 [13]
두 번째 다리는 실을 정리하지 않아요. 방금 뜬 코를 단수링에 걸어두고 계속해서 러플 장식을 만들어주세요.

양말의 러플 장식 (초록색 실로 떠주세요)

두 번째 다리의 원형 20단에 있는 앞 반 코에서 초록색 실의 고리를 당겨 올려주세요.
원형 1단 앞 반 코에만(다음 코에 짧은뜨기+사슬뜨기 3+짧은뜨기, 1코 건너뛰기) 7번 반복
실을 정리하고 실 끝을 꿰어서 숨겨주세요. 단수링에 걸어둔 피부색 실의 코를 줍고 계속해서 몸통을 만들어주세요.

몸통과 머리 (피부색 실로 시작)

다음 단에서 양쪽 다리를 연결하여 몸통을 만들어줄 거예요.
원형 25단 사슬뜨기 7, 첫 번째 다리의 13코 모두 짧은뜨기(사진 3), 다음 7사슬코에 짧은뜨기, 두 번째 다리의 13코 모두 짧은뜨기 [40]
원형 26단 다음 7사슬코의 나머지 한쪽에 짧은뜨기, 다음 33코에 짧은뜨기 [40]
원형 27-29단 40코 모두 짧은뜨기 [40]
원형 30단 (코줄이기, 다음 8코에 짧은뜨기) 4번 반복 [36]
원형 31-33단 36코 모두 짧은뜨기 [36]

흰색 실로 교체해주세요.
원형 34단 36코 모두 짧은뜨기 [36]
원형 35단 36코 모두 뒤 반 코에만 짧은뜨기 [36]
원형 36-38단 36코 모두 짧은뜨기 [36]
원형 39단 (코줄이기, 다음 7코에 짧은뜨기) 4번 반복 [32]
원형 40단 32코 모두 짧은뜨기 [32]
원형 41단 (코줄이기, 다음 6코에 짧은뜨기) 4번 반복 [28]
원형 42단 (코줄이기, 다음 5코에 짧은뜨기) 4번 반복 [24]
원형 43-46단 24코 모두 짧은뜨기 [24]
원형 47단 (코줄이기, 다음 4코에 짧은뜨기) 4번 반복 [20]
원형 48단 (코줄이기, 다음 3코에 짧은뜨기) 4번 반복 [16]
피부색 실로 교체해주세요.
원형 49단 16코 모두 뒤 반 코에만 짧은뜨기 [16]
원형 50-51단 16코 모두 짧은뜨기 [16]
원형 52단 16코 모두 코늘리기 [32]
원형 53단 (다음 3코에 짧은뜨기, 다음 코에 코늘리기) 8번 반복 [40]
원형 54단 (다음 4코에 짧은뜨기, 다음 코에 코늘리기) 8번 반복 [48]
원형 55단 (다음 7코에 짧은뜨기, 다음 코에 코늘리기) 6번 반복 [54]
원형 56단 (다음 8코에 짧은뜨기, 다음 코에 코늘리기) 6번 반복 [60]
원형 57-71단 60코 모두 짧은뜨기 [60]
원형 62단과 63단 사이에 10-11코 간격으로 나사형 단추눈을 넣어주세요(사진 4). 피부색 실로 원형 61단, 양쪽 눈 사이 가운데에 코를 수놓아주세요.
원형 72단 (코줄이기, 다음 8코에 짧은뜨기) 6번 반복 [54]
원형 73단 (코줄이기, 다음 7코에 짧은뜨기) 6번 반복 [48]
원형 74단 (코줄이기, 다음 6코에 짧은뜨기) 6번 반복 [42]
원형 75단 (코줄이기, 다음 5코에 짧은뜨기) 6번 반복 [36]
원형 76단 (코줄이기, 다음 4코에 짧은뜨기) 6번 반복 [30]
원형 77단 (코줄이기, 다음 3코에 짧은뜨기) 6번 반복 [24]
원형 78단 코줄이기 12번 [12]

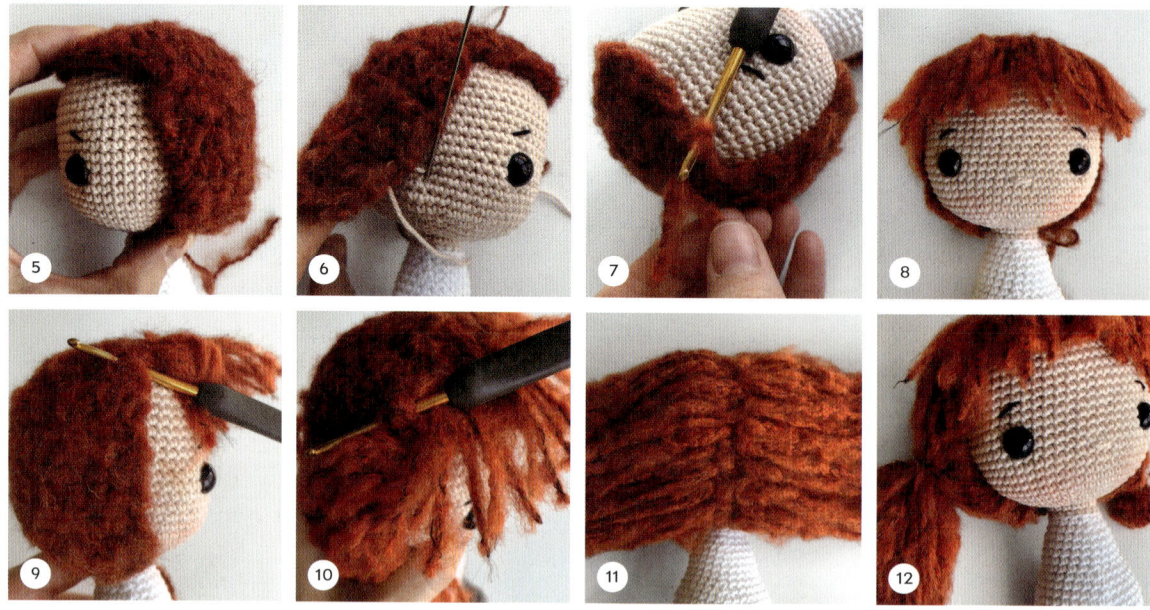

원형 79단 코줄이기 6번 [6]

실을 정리하고, 실 끝을 남겨주세요. 돗바늘로 남은 코들의 앞 반 코에 실 꼬리를 꿰어준 다음 바짝 당겨서 조여주세요. 실 끝을 꿰어서 숨겨주세요. 검은색 자수실로 양쪽 눈 위에 눈썹을 수놓아주세요.

머리카락 (주황색 모헤어사와 3mm 사이즈의 코바늘로 떠주세요)

먼저 머리카락을 만든 다음 머리 가닥을 붙여줄 거예요. 여러분이 사용하는 실의 굵기에 따라서 40가닥이나 50가닥을 붙여줘야 해요. 머리카락이 인형의 머리에 잘 맞는지 꼭 확인해주세요.

원형 1단 매직링에 짧은뜨기 6으로 시작 [6]

원형 2단 6코 모두 코늘리기 [12]

원형 3단 (다음 코에 짧은뜨기, 다음 코에 코늘리기) 6번 반복 [18]

원형 4단 (다음 코에 짧은뜨기, 다음 코에 코늘리기) 9번 반복 [27]

원형 5단 (다음 2코에 짧은뜨기, 다음 코에 코늘리기) 9번 반복 [36]

원형 6단 (다음 17코에 짧은뜨기, 다음 코에 코늘리기) 2번 반복, 사슬뜨기 1, 편물 돌리기 [38]

계속해서 단뜨기로 떠주세요.

7단 다음 20코에 짧은뜨기, 사슬뜨기 1, 편물 돌리기 [20] / 남은 코들은 뜨지 않고 남겨두세요.

8단 다음 20코에 짧은뜨기, 사슬뜨기 1, 편물 돌리기 [20]

머리카락 부분이 인형의 머리에 잘 맞을 때까지 8단을 여러 번 반복해주세요 (사진 5) (실의 굵기에 따라 9에서 12번 반복해야 해요). 실을 정리하고, 꿰맬 수 있도록 실 꼬리를 길게 남겨주세요. 머리카락을 머리에 꿰매어주세요 (사진 6). 실을 같은 길이(대략 15-20cm)로 40-50가닥 잘라주세요. 코바늘로 각각의 가닥을 머리카락 부분에 연결해주세요. 머리카락 부분의 한 코에 코바늘을 넣고, 코바늘에 머리 가닥을 걸어준 다음 (사진 7) 반 정도만 코에 통과시켜주세요. 이렇게 해서 생긴 고리에 머리 가닥의 양 끝을 통과시켜준 다음 매듭이 조일 때까지 당겨주세요. 앞에서부터 시작하여 (그림 8) 머리카락의 양 옆에 연결 (사진 9)해준 다음 뒤쪽에 연결해주세요 (사진10). 머리의 윗부분에서 머리카락을 둘로 나누어준 다음 (사진 11) 원하는 길이로 머리 가닥을 자르고, 양 갈래로 나누어서 땋아주세요 (사진 12).

팔 (2개 만들기, 피부색 실로 시작)

원형 1단 매직링에 짧은뜨기 6으로 시작 [6]

원형 2단 6코 모두 코늘리기 [12]

원형 3-5단 12코 모두 짧은뜨기 [12]

원형 6단 코줄이기 2번, 다음 8코에 짧은뜨기 [10]

흰색 실로 교체해주세요.

원형 7-25단 다음 10코에 짧은뜨기 [10]

실을 정리하고, 꿰맬 수 있도록 실 꼬리를 길게 남겨주세요. 윗부분을 납작하게 만들고 양쪽 팔을 몸통의 원형 48단에 꿰매어주세요.

스커트 (주황색 실로 떠주세요)

발이 달린 몸통이 여러분의 반대쪽을 향하도록 놓아주세요. 원형 35단의 남은 앞 반 코들 중 첫 번째 앞 반 코에서 주황색 실의 고리를 당겨 올려주세요 (사진 13).

원형 1단 (다음 8코에 짧은뜨기, 다음 코에 코늘리기) 4번 반복 [40]

원형 2단 (다음 9코에 짧은뜨기, 다음 코에 코늘리기) 4번 반복 [44]

원형 3-10단   44코 모두 짧은뜨기 [44]

실을 정리하고 실 끝을 꿰어서 숨겨주세요. 검은색 실로 잭 오 랜턴(호박등)의 얼굴을 스커트에 수놓아주세요.

모자 (초록색 실로 떠주세요)

원형 1단   매직링에 짧은뜨기 6으로 시작 [6]

원형 2단   6코 모두 코늘리기 [12]

원형 3단   (다음 코에 짧은뜨기, 다음 코에 코늘리기) 6번 반복 [18]

원형 4단   (다음 2코에 짧은뜨기, 다음 코에 코늘리기) 6번 반복 [24]

원형 5단   (다음 3코에 짧은뜨기, 다음 코에 코늘리기) 6번 반복 [30]

원형 6단   (다음 4코에 짧은뜨기, 다음 코에 코늘리기) 6번 반복 [36]

원형 7단   36코 모두 뒤 반 코에만 짧은뜨기 [36]

원형 8-12단   36코 모두 짧은뜨기 [36]

원형 13단   (코줄이기, 다음 10코에 짧은뜨기) 3번 반복 [33]

원형 14단   (코줄이기, 다음 9코에 짧은뜨기) 3번 반복 [30]

원형 15단   (코줄이기, 다음 8코에 짧은뜨기) 3번 반복 [27]

원형 16단   27코 모두 짧은뜨기 [27]

원형 17단   27코 모두 앞 반 코에만 코늘리기 [54]

원형 18-19단   54코 모두 짧은뜨기 [54]

실을 정리하고 실 끝을 꿰어서 숨겨주세요. 검은색 자수실로 찢어진 자국을 모자에 수놓아주세요(사진 14). 모자의 윗부분을 눌러서 모양을 잡아주세요. 모자를 머리카락에 꿰매어주세요.

망토 (검은색 실로 떠주세요)

사슬뜨기로 22코 떠주세요. 단뜨기로 뜹니다.

1단   코바늘에서 2번째 사슬코에서 시작, 21사슬코 모두 한길긴뜨기, 사슬뜨기 1, 편물 돌리기 [21]

2-4단   21코 모두 한길긴뜨기, 사슬뜨기 1, 편물 돌리기 [21]

5단   (다음 6코에 짧은뜨기, 다음 코에 코늘리기) 3번 반복, 사슬뜨기 1, 편물 돌리기 [24]

6단   (다음 7코에 짧은뜨기, 다음 코에 코늘리기) 3번 반복, 사슬뜨기 1, 편물 돌리기 [27]

7단   (다음 8코에 짧은뜨기, 다음 코에 코늘리기) 3번 반복, 사슬뜨기 1, 편물 돌리기 [30]

8단   (다음 9코에 짧은뜨기, 다음 코에 코늘리기) 3번 반복, 사슬뜨기 1, 편물 돌리기 [33]

9단   (다음 10코에 짧은뜨기, 다음 코에 코늘리기) 3번 반복, 사슬뜨기 1, 편물 돌리기 [36]

10-13단   36코 모두 한길긴뜨기, 사슬뜨기 1, 편물 돌리기 [36] / 가장자리를 정리하기 위해 망토를 돌아가며 떠주세요.

원형 14단 36코 모두 긴뜨기, 다음 13단의 가장자리에 긴뜨기, 다음 21코에 긴뜨기, 다음 13단의 가장자리에 긴뜨기 [83]

실을 정리하고 실 끝을 꿰어서 숨겨주세요. 망토의 첫 4단을 바깥쪽으로 접어주세요. 검은색 실을 접혀진 부분의 안쪽으로 망토의 양쪽에 연결해준 다음, 인형 목에 망토를 둘러서 묶어주고 앞쪽에 나비 모양으로 매듭을 지어주세요.

조이를 만들기 위해 준비해주세요

합태사
- 피부색
- 흰색
- 초록색
- 검은색
- 보라색

병태사 모헤어사
- 검은색

나사형 단추눈(10mm)
코바늘 사이즈 2.5mm
코바늘 사이즈 3mm
흰색과 검은색 자수실
돗바늘
가위
인조 섬유 솜
선택사항: 블러셔

[조이]

다리(2개 만들기, 검은색 실로 시작)

원형 1 - 12단 윌리의 다리 만들기 부분을 반복해주세요. 보라색 실로 교체해주세요.

원형 13단 13코 모두 뒤 반 코에만 짧은뜨기 [13]

원형 14 - 24단 13코 모두 짧은뜨기 [13]

첫 번째 다리의 실을 정리하고 실 끝을 꿰어서 숨겨주세요. 두 번째 다리는 실을 정리하지 않습니다. 조이는 양말 러플 장식이나 신발 끈이 필요하지 않아요. 계속해서 몸통을 만들어주세요.

망토 (검은색 실로 떠주세요)

윌리의 망토 만들기 부분을 반복해주세요.

사탕 가방 (초록색 실로 떠주세요)

윌리의 모자 만들기에서 마지막 원형 18단과 19단을 제외한 나머지 부분을 반복해주세요. 사슬뜨기로 13코를 뜨고 가방의 맞은편에 위치한 코에 빼뜨기를 하여 가방의 손잡이를 만들어주세요(사진 17-18).

몸통과 머리 (보라색 실로 시작)

다음 단에서 양쪽 다리를 연결하여 몸통을 만들어줄 거예요.

원형 25-33단   윌리의 몸통과 머리 만들기 부분을 반복해주세요. 흰색 실로 교체해주세요.

원형 34단   36코 모두 뒤 반 코에만 짧은뜨기 [36]

원형 35-38단   36코 모두 짧은뜨기 [36]

원형 39-79단   윌리의 몸통과 머리 만들기 부분을 반복해주세요. 실을 정리하고, 실 꼬리를 남겨주세요. 돗바늘로 남은 모든 코들의 앞 반 코에 실 꼬리를 꿰어준 다음 바짝 당겨서 조여주세요. 실 끝을 꿰어서 숨겨주세요. 검은색 자수실로 입과 눈썹을 수놓아주세요. 흰색 자수실로 뱀파이어의 송곳니를 수놓아주세요.

귀 (2개 만들기, 피부색 실로 떠주세요)

사슬뜨기로 7코 떠주세요. 기초 사슬코의 양쪽을 돌아가며 뜹니다.

원형 1단   코바늘에서 2번째 사슬코에서 시작, 다음 코에 빼뜨기, 다음 코에 짧은뜨기, 다음 코에 긴뜨기, 다음 코에 한길긴뜨기, 다음 코에 긴뜨기, 다음 코에 짧은뜨기 3. 계속해서 기초 사슬코의 나머지 한쪽에 뜨기, 다음 코에 긴뜨기, 다음 코에 한길긴뜨기, 다음 코에 짧은뜨기, 다음 코에 빼뜨기.

실을 정리하고, 꿰맬 수 있도록 실 꼬리를 길게 남겨주세요.

머리카락 (검은색 모헤어사와 3mm사이즈의 코바늘로 떠주세요)

윌리의 머리카락 만들기 부분을 반복하되, 머리 가닥을 연결하는 부분은 생략해주세요. 이마 위에 삼각형 모양으로 수놓아주면 완성입니다(사진 15). 조이의 양쪽 귀를 머리의 원형 61-64단 위에 꿰매어주세요(사진 16).

팔 (2개 만들기, 피부색 실로 시작)

윌리의 팔 만들기 부분을 반복해주세요.

등교 첫날이에요!

야라와 테오예요. 렉스 인 스티치스의 디자인입니다.

어느새 시간이 흐르고 흘러 여러분의 작은 아이가 학교에 갈 준비를 하게 되었어요. 아직은 어린 아이들에게 등교 첫날은 신나지만 용기도 필요한 날이에요. 사실 학교 정문에서 기다리는 부모님들이 훨씬 더 마음을 졸이는 하루입니다. 테오는 학교의 첫 등교일에 살짝 겁이 났어요. 그렇지만 테오의 가장 친한 친구인 야라가 같은 반이어서 다행이에요. 테오는 선생님과 함께 나누어먹을 사과를 가져갔답니다.

난이도: ★(★)
사이즈: 기재된 실로 만들 경우
야라 21cm, 테오 18.5cm

아미구루미 갤러리: 사진을 공유하고 아이디어를 얻기 위해 QR코드를 스캔하거나 www.amigurumi.com/3615에 방문해주세요.

야라를 만들기 위해 준비해주세요

병태사
- 피부색
- 흰색
- 초록색
- 분홍색(남은 실)
- 겨자색(남은 실)
- 검은색(남은 실)
- 회색(남은 실)

태사 메리노/알파카 울사
- 검은색

코바늘 사이즈 2.5mm
나사형 단추눈(6mm)
돗바늘
검은색 자수실
중간 사이즈 단추 2개(선택사항, 발 안쪽에 사용할 거예요)
단수링
인조 섬유 솜
선택사항: 빗

주의 같은 무게의 실로 만들 경우 테오와 야라의 사이즈는 같습니다. 여기에서는 서로 무게가 다른 실로 만들었습니다.

[야라]

머리(피부색 실로 시작)

원형 1단   매직링에 짧은뜨기 8로 시작 [8]
원형 2단   8코 모두 코늘리기 [16]
원형 3단   (다음 코에 짧은뜨기, 다음 코에 코늘리기) 8번 반복 [24]
원형 4단   (다음 2코에 짧은뜨기, 다음 코에 코늘리기) 8번 반복 [32]
원형 5단   (다음 3코에 짧은뜨기, 다음 코에 코늘리기) 8번 반복 [40]
원형 6단   (다음 4코에 짧은뜨기, 다음 코에 코늘리기) 8번 반복 [48]
원형 7-12단   48코 모두 짧은뜨기 [48]
원형 13단   (다음 5코에 짧은뜨기, 다음 코에 코늘리기) 8번 반복 [56]
원형 14-15단   56코 모두 짧은뜨기 [56]
원형 16단   (다음 6코에 짧은뜨기, 다음 코에 코늘리기) 8번 반복 [64]
원형 17-19단   64코 모두 짧은뜨기 [64]
원형 20단   (다음 6코에 짧은뜨기, 코줄이기) 8번 반복 [56]
원형 21단   (다음 5코에 짧은뜨기, 코줄이기) 8번 반복 [48]
원형 22단   (다음 4코에 짧은뜨기, 코줄이기) 8번 반복 [40]
원형 23단   (다음 3코에 짧은뜨기, 코줄이기) 8번 반복 [32]
원형 24단   (다음 2코에 짧은뜨기, 코줄이기) 8번 반복 [24]

다음 코에 빼뜨기 해주세요. 실을 정리하고, 꿰맬 수 있도록 실 꼬리를 길게 남겨주세요. 나사형 단추눈을 원형 15단과 16단의 사이에 14코 간격으로 넣어주세요. 머리에 솜을 꼼꼼히 넣어주세요. 분홍색 실로 양쪽 뺨에 주근깨를 수놓아주세요. 피부색 실로 양쪽 눈 사이 가운데에 2코 너비로 코를 수놓아주세요. 검은색 자수실로 양쪽 눈의 6단 위에 눈썹을 작게 수놓아주세요.

귀(2개 만들기, 피부색 실로 떠주세요)

단뜨기로 떠주세요.

1단   매직링에 짧은뜨기 5로 시작, 매직링을 조이지 마세요, 사슬뜨기 1, 편물 돌리기 [5]
2단   다음 코에 코늘리기, 다음 3코에 짧은뜨기, 다음 코에 코늘리기 [7]

실을 정리하고, 꿰맬 수 있도록 실 꼬리를 길게 남겨주세요. 두 귀를 머리의 양옆, 눈과 같은 위치에 꿰매어주세요.

다리(2개 만들기, 검은색 실로 시작)

원형 1단   매직링에 짧은뜨기 8로 시작 [8]
원형 2단   8코 모두 코늘리기 [16]
원형 3단   (다음 코에 짧은뜨기, 다음 코에 코늘리기) 8번 반복 [24]
원형 4단   24코 모두 뒤 반 코에만 짧은뜨기 [24]
원형 5단   다음 8코에 짧은뜨기, 코줄이기 4번, 다음 8코에 짧은뜨기 [20]
원형 6단   다음 7코에 짧은뜨기, 코줄이기, 다음 2코에 짧은뜨기, 코줄이기, 다음 7코에 짧은뜨기 [18]

흰색 실로 교체해주세요.

원형 7단   18코 모두 뒤 반 코에만 짧은뜨기 [18]
원형 8-9단   18코 모두 짧은뜨기 [18]

피부색 실로 교체해주세요. 솜을 넣기 전에 발이 불룩해지지 않도록 양쪽 발 안쪽에 중간 사이즈의 단추를 넣어주어도 좋아요. 두 다리에 솜을 꼼꼼히 넣어주고 계속 뜨면서 솜을 넣어주세요.

원형 10단   18코 모두 뒤 반 코에만 짧은뜨기 [18]
원형 11-12단   18코 모두 짧은뜨기 [18]

분홍색 실로 교체해주세요.

원형 13단   18코 모두 짧은뜨기 [18]

첫 번째 다리는 다음 코에서 빼뜨기 해주세요. 실을 정리하고 실 끝을 꿰어서 숨겨주세요. 원형 13단의 6번째 코에 단수링을 걸어주세요. 두 번째 다리는 실을 정리하지 않습니다. 다음 단에서 양쪽 다리를 연결

하여 몸통을 만들어줄 거예요.

몸통 (분홍색 실로 시작)

원형 14단 두 번째 다리의 다음 14코에 짧은뜨기(사진 1), 사슬뜨기 3, 첫 번째 다리의 단수링을 걸어둔 코에 짧은뜨기(사진 2), 첫 번째 다리의 다음 17코에 짧은뜨기, 다음 3사슬코에 짧은뜨기(사진 3), 두 번째 다리의 다음 4코에 짧은뜨기 [39] (사진 4)

원형 15단 (다음 6코에 짧은뜨기, 다음 코에 코늘리기) 2번 반복, 다음 3사슬코의 나머지 한쪽에 짧은뜨기, 다음 3코에 짧은뜨기, 다음 코에 코늘리기, (다음 6코에 짧은뜨기, 다음 코에 코늘리기) 3번 반복 [48]

원형 16단 (다음 7코에 짧은뜨기, 다음 코에 코늘리기) 6번 반복 [54]

원형 17-19단 54코 모두 짧은뜨기 [54]

흰색 실로 교체해주세요.

원형 20-21단 54코 모두 짧은뜨기 [54]

원형 22단 54코 모두 뒤 반 코에만 짧은뜨기 [54]

원형 23-24단 54코 모두 짧은뜨기 [54]

두 다리와 몸통에 솜을 넣고 계속 뜨면서 솜을 넣어주세요.

원형 25단 (다음 7코에 짧은뜨기, 코줄이기) 6번 반복 [48]

원형 26-27단 48코 모두 짧은뜨기 [48]

원형 28단 (다음 6코에 짧은뜨기, 코줄이기) 6번 반복 [42]

원형 29단 42코 모두 짧은뜨기 [42]

원형 30단 (다음 5코에 짧은뜨기, 코줄이기) 6번 반복 [36]

원형 31단 36코 모두 짧은뜨기 [36]

원형 32단 (다음 4코에 짧은뜨기, 코줄이기) 6번 반복 [30]

원형 33단 30코 모두 짧은뜨기 [30]

원형 34단 (다음 3코에 짧은뜨기, 코줄이기) 6번 반복 [24]

피부색 실로 교체해주세요.

원형 35단 24코 모두 뒤 반 코에만 짧은뜨기 [24]

다음 코에 빼뜨기를 해주세요. 실을 정리하고 실 끝을 꿰어서 숨겨주세요.

신발 마무리하기

발이 달린 몸통이 여러분의 반대쪽을 향하도록 놓아주세요. 원형 7단의 남은 앞 반 코들 중 첫 번째 앞 반 코에서 검은색 실의 고리를 당겨 올려주세요.

원형 1단 18코 모두 앞 반 코에만 짧은뜨기 [18]

첫 번째 코에 빼뜨기 해주세요. 실을 정리하고 실 끝을 꿰어서 숨겨주세요. 두 번째 신발에도 반복해주세요.

칼라 (흰색 실로 시작)

발이 달린 몸통이 여러분의 반대쪽을 향하도록 놓아주세요. 몸통 원형 35단의 앞쪽 가운데에 있는 앞 반 코에서 흰색 실의 고리를 당겨 올려주세요. 단뜨기로 떠주세요.

1단 24코 모두 짧은뜨기, 사슬뜨기 1, 편물 돌리기 [24]

2단 (다음 3코에 짧은뜨기, 다음 코에 코늘리기) 6번 반복, 사슬뜨기 1, 편물 돌리기 [30]

3단 (다음 4코에 짧은뜨기, 다음 코에 코늘리기) 6번 반복 [36]

계속해서 가장자리를 둘러가며 뜨면서 칼라를 정리해주세요.

사슬뜨기 1, 다음 3단의 가장자리에 짧은뜨기, 다음 코에 빼뜨기, 다음 3단의 가장자리에 짧은뜨기, 다음 코에 빼뜨기.

실을 정리하고 실 끝을 꿰어서 숨겨주세요. 머리의 원형 24단을 몸통의 원형 35단에 꿰매어주세요.

스카프 (검은색 실로 떠주세요)

사슬뜨기로 11코 떠주세요. 단뜨기로 뜹니다.

1단 코바늘에서 2번째 사슬코에서 시작, 다음 4사슬코에 짧은뜨기, 다음 2사슬코에 코늘리기, 다음 4사슬코에 짧은뜨기, 사슬뜨기 1, 편물 돌리기 [12]

2단 다음 5코에 짧은뜨기, 다음 2코에 코늘리기, 다음 5코에 짧은뜨기 [14]

실을 정리하고, 꿰맬 수 있도록 실 꼬리를 길게 남겨주세요. 스카프를 칼라의 아래에 꿰매어주세요.

팔 (2개 만들기, 피부색 실로 시작)

원형 1단 매직링에 짧은뜨기 6으로 시작 [6]

원형 2단 6코 모두 코늘리기 [12]

원형 3-10단 12코 모두 짧은뜨기 [12]

흰색 실로 교체해주세요. 팔에 솜을 넣고 계속 뜨면서 계속 솜을 넣어주세요.

원형 11단 12코 모두 뒤 반 코에만 짧은뜨기 [12]

원형 12-17단 12코 모두 짧은뜨기 [12]

팔을 납작하게 만들고 다음 단에서 두 겹을 같이 뜨서 막아주세요.

원형 18단 6코 모두 짧은뜨기 [6]

실을 정리하고, 꿰맬 수 있도록 실 꼬리를 길게 남겨주세요. 두 팔을 몸통의 양옆, 칼라 바로 밑에 꿰매어주세요.

머리카락

약 30cm 길이의 실을 대략 100가닥 정도 잘라주세요. 이 실들을 반으로 접어주세요. 야라의 머리카락은 가운데 가르마를 탑니다. 원형 4단의 앞쪽 가운데에서 시작하여 원형 20단의 뒤쪽 가운데에서 끝낼 거예요.

코바늘을 머리의 가운데 가르마 바로 옆 코에 넣어주세요. 머리의 가르마에 있는 코에서 코바늘을 빼주세요(사진 5). 코바늘에 실 가닥을 걸고 당겨서 절반만 통과시켜주세요(사진 6). 이렇게 해서 생긴 고리에 실 가닥의 양 끝을 통과시키고 매듭이 조일 때까지 당겨주세요(사진 7). 같은 코에서 이 과정을 한 번 더 반복해주세요. 그러니까 1코에 2가닥의 실을 연결해주는 거예요(사진 8).

계속해서 이러한 방법으로 머리의 가르마를 따라 뒤쪽의 원형 20단까지 머리카락을 연결해주세요. 이번에는 가르마의 다른 한쪽에 있는 코에 코바늘을 넣어서 이 전체 과정을 다시 반복해주세요. 실을 가지고 머리카락을 머리의 양옆에 양 갈래로 묶어주세요. 여러분이 원하는 길이로 머리카락을 손질해주세요. 좀 더 자연스러워 보이도록 양 갈래로 묶은 머리를 빗으로 빗어주어도 좋아요. 빗어준 다음 삐져나온 머리끝은 다듬어주세요.

리본 (2개 만들기, 겨자색 실로 떠주세요)

사슬뜨기로 36코 이상 떠주세요(여러분이 머리카락에 사용했던 실의 장력과 종류에 따라 조절해주세요). 실을 정리하고 실 끝을 꿰어서 숨겨주세요. 야라의 머리카락을 양 갈래로 나눈 다음 사슬뜨기로 만든 리본으로 묶고, 양쪽에 나비 모양 매듭을 만들어주세요.

스커트 (초록색으로 떠주세요)

발이 달린 몸통이 여러분의 반대쪽을 향하도록 놓아주세요. 몸통의 원형 22단에 남아 있는 앞 반 코들 중 야라의 오른쪽 다리 위 가운데에 있는 앞 반 코에서 초록색 실의 고리를 당겨 올려주세요(사진 9). 단뜨기로 떠주세요.

- **1단** 54코 모두 앞 반 코에만 짧은뜨기, 사슬뜨기 13, 편물 돌리기 [54]
- **2단** 코바늘에서 2번째 사슬코에서 시작, 다음 10사슬코에 짧은뜨기, 다음 사슬코에 코늘리기, (다음 10코에 짧은뜨기, 다음 코에 코늘리기) 5번 반복, 사슬뜨기 1, 편물 돌리기 [72]
- **3단** 72코 모두 짧은뜨기, 사슬뜨기 1, 편물 돌리기 [72]
- **4단** (다음 11코에 짧은뜨기, 다음 코에 코늘리기) 6번 반복, 사슬뜨기 1, 편물 돌리기 [72]
- **5-8단** 78코 모두 짧은뜨기, 사슬뜨기 1, 편물 돌리기 [78]
- **9단** 78코 모두 짧은뜨기 [78]

스커트의 안쪽 가장자리를 따라 올라가며 8단의 가장자리에 짧은뜨기 해주세요. 다음 코에 빼뜨기 해주세요. 실을 정리하고, 꿰맬 수 있도록 실 꼬리를 길게 남겨주세요. 스커트의 연결이 안 된 부분은 타탄 무늬를 더해준 다음 꿰매어주세요.

타탄 무늬

스커트 위의 타탄 무늬는 표면 빼뜨기를 뜨거나 자수를 놓아서 만들 수 있어요. 원형 3-4단과 7-8단 사이에 흰색 실로 스커트의 길이만큼 2개의 가로선을 만들어주세요.

스커트 길이만큼의 세로선을 동일한 간격으로 만들어주세요(검은색 실로 6개, 회색 실로 6개). 가장자리에서 3코 떨어진 곳에서 첫 번째 (검은색) 선을 시작하여, 5코 간격으로 세로선을 만들어주면 됩니다. 각각의 세로선은 표면 빼뜨기를 8번 뜬 길이입니다.

실을 정리하고 끝에서 실 끝을 꿰어서 숨겨주세요.

테오를 만들기 위해 준비해주세요

합태사
- ● 피부색
- ○ 흰색
- ● 초록색
- ● 연파란색
- ● 검은색 (남은 실)
- ● 회색
- ● 갈색 (남은 실)
- ● 빨간색 (남은 실)
- ● 겨자색

태사 메리노/알파카 울 사
- ● 검은색

코바늘 사이즈 2.5mm
나사형 단추눈(6mm)
돗바늘
검은색 자수실
작은 사이즈의 단추 1개(책가방)와 중간 사이즈 단추 2개
  (선택사항, 발 안쪽)
단수링
인조 섬유 솜
선택사항: 빗

[테오]

머리 (피부색 실로 시작)

야라의 머리 만들기 부분을 반복해주세요.
양쪽 눈 사이 가운데에 4코 크기의 코를 수놓아주세요.

귀 (2개 만들기, 피부색 실로 떠주세요)

야라의 귀 만들기 부분을 반복해주세요.

다리 (2개 만들기, 검은색 실로 시작)

원형 1-12단   야라의 다리 만들기 부분을 반복해주세요.
연파란색 실로 교체해주세요.
원형 13단   18코 모두 짧은뜨기 [18]
첫 번째 다리는 다음 코에서 빼뜨기 해주세요. 실을 정리하고 실 끝을 꿰어서 숨겨주세요. 원형 13단의 6번째 코를 단수링으로 표시해주세요. 두 번째 다리는 실을 정리하지 않습니다. 다음 단에서 양쪽 다리를 연결하여 몸통을 만들어줄 거예요.

몸통 (연파란색 실로 시작)

야라의 몸통 만들기 부분을 반복해주세요.

신발 마무리하기

야라의 신발 만들기 부분을 반복해주세요.

칼라 (흰색 실로 시작)

야라의 칼라 만들기 부분을 반복해주세요.

팔 (2개 만들기, 피부색 실로 시작)

야라의 팔 만들기 부분을 반복해주세요.

머리카락

테오의 머리카락은 긴 직선 코로 만들며 가운데 가르마를 타지 않습니다. 머리카락이 갈라지는 곳에서 머리의 원형 20단까지 많은 수의 코를 만들어주세요(사진 10 - 12). 코를 많이 만들수록 머리카락이 점점 더 두꺼워질 거예요. 마지막에 머리카락을 빗어서 좀 더 자연스럽게 만들어주어도 좋아요.

반바지 (회색 실로 떠주세요)

먼저 반바지의 다리 부분을 두 개 만들고 난 다음, 둘을 연결해줄 거예요. 사슬뜨기로 24코를 뜨고 빼뜨기로 연결하여 원을 만들어주세요.
원형 1-3단   24코 모두 짧은뜨기 [24]
첫 번째 다리 부분만 다음 코에 빼뜨기 해주세요. 실을 정리하고 실 끝을 꿰어서 숨겨주세요. 두 번째 다리 부분은 실을 정리하지 않습니다. 다음 단에서 두 개의 다리 부분을 연결해줄 거예요.
원형 4단   사슬뜨기 3, 첫 번째 다리 부분의 아무 코에 짧은뜨기, 다음 23코에 짧은뜨기, 다음 3사슬코에 짧은뜨기, 두 번째 다리 부분의 24코 모두 짧은뜨기, 다음 3사슬코의 나머지 한쪽에 짧은뜨기 [54]
원형 5-10단   54코 모두 짧은뜨기 [54]
원형 11단   54코 모두 앞 반 코에만 짧은뜨기 [54]
다음 코에 빼뜨기 해주세요. 실을 정리하고, 꿰맬 수 있도록 실 꼬리를 길게 남겨주세요. 반바지를 입히고, 몸통에 반바지를 꿰매주세요. 반바지의 원형 10단에 남은 뒤 반 코들을 몸통의 원형 22단에 남은 앞 반 코들에 꿰매주면 됩니다.

모자(초록색으로 떠주세요)

원형 1단 매직링에 짧은뜨기 8로 시작 [8]
원형 2단 8코 모두 코늘리기 [16]
원형 3단 (다음 코에 짧은뜨기, 다음 코에 코늘리기) 8번 반복 [24]
원형 4단 (다음 2코에 짧은뜨기, 다음 코에 코늘리기) 8번 반복 [32]
원형 5단 (다음 3코에 짧은뜨기, 다음 코에 코늘리기) 8번 반복 [40]
원형 6단 (다음 4코에 짧은뜨기, 다음 코에 코늘리기) 8번 반복 [48]
원형 7단 (다음 5코에 짧은뜨기, 다음 코에 코늘리기) 8번 반복 [54]
원형 8-13단 54코 모두 짧은뜨기 [54]

계속해서 모자의 챙을 만들어주세요. 단뜨기로 계속 떠주세요.

14단 다음 16코 앞 반 코에만 짧은뜨기, 사슬뜨기 1, 편물 돌리기 [16]
15단 코줄이기, 다음 12코에 짧은뜨기, 코줄이기, 사슬뜨기 1, 편물 돌리기 [14]
16단 코줄이기, 다음 10코에 짧은뜨기, 코줄이기 [12]

실을 정리하고 실 끝을 꿰어서 숨겨주세요. 원형 13단의 마지막 코에서 초록색 실의 고리를 당겨 올려주세요.

마무리 원형뜨기 단 챙의 옆쪽을 따라 올라가며 3단의 가장자리에 짧은뜨기, 다음 코에 코늘리기, 챙의 앞부분 다음 10코에 짧은뜨기, 다음 코에 코늘리기, 챙의 옆쪽을 따라 내려가며 3단의 가장자리에 짧은뜨기, 모자 부분의 다음 코에 짧은뜨기.

실을 정리하고 실 끝을 꿰어서 숨겨주세요.

스카프(검은색 실로 떠주세요)

야라의 스카프 만들기 부분을 반복해주세요.

책가방(겨자색 실로 떠주세요)

사슬뜨기로 13코 떠주세요. 기초 사슬코의 양쪽을 돌아가며 뜹니다.

원형 1단 코바늘에서 2번째 사슬코에서 시작, 다음 11코에 짧은뜨기, 다음 코에 짧은뜨기 3. 계속해서 기초 사슬코의 나머지 한쪽에 뜨기, 다음 10코에 짧은뜨기, 다음 코에 코늘리기 [26]
원형 2단 다음 코에 코늘리기, 다음 10코에 짧은뜨기, 다음 코에 코늘리기, 다음 코에 짧은뜨기, 다음 코에 코늘리기, 다음 10코에 짧은뜨기, 다음 코에 코늘리기, 다음 코에 짧은뜨기 [30]
원형 3단 다음 코에 짧은뜨기, 다음 코에 짧은뜨기 3, 다음 10코에 짧은뜨기, 다음 코에 짧은뜨기 3, 다음 3코에 짧은뜨기, 다음 코에 짧은뜨기 3, 다음 10코에 짧은뜨기, 다음 코에 짧은뜨기 3, 다음 2코에 짧은뜨기 [38]
원형 4단 38코 모두 뒤 반 코에만 짧은뜨기 [38]
원형 5단 38코 모두 짧은뜨기 [38]
원형 6단 다음 2코에 짧은뜨기, 코줄이기, 다음 11코에 짧은뜨기, 코줄이기, 다음 4코에 짧은뜨기, 코줄이기, 다음 11코에 짧은뜨기, 코줄이기, 다음 2코에 짧은뜨기 [34]
원형 7단 34코 모두 짧은뜨기 [34]
원형 8단 다음 코에 짧은뜨기, 코줄이기, 다음 11코에 짧은뜨기, 코줄이기, 다음 2코에 짧은뜨기, 코줄이기, 다음 11코에 짧은뜨기, 코줄이기, 다음 코에 짧은뜨기 [30]
원형 9단 30코 모두 짧은뜨기 [30]
원형 10단 다음 2코에 짧은뜨기, 코줄이기, 다음 8코에 짧은뜨기, 코줄이기, 다음 3코에 짧은뜨기, 코줄이기, 다음 8코에 짧은뜨기, 코줄이기, 다음 코에 짧은뜨기 [26]
원형 11단 다음 2코에 짧은뜨기, 코줄이기, 다음 6코에 짧은뜨기, 코줄이기, 다음 3코에 짧은뜨기, 코줄이기, 다음 6코에 짧은뜨기, 코줄이기, 다음 코에 짧은뜨기 [22]

계속해서 단뜨기로 떠주세요.

12단 다음 10코에 짧은뜨기, 사슬뜨기 1, 편물 돌리기 [10]
13-19단 10코 모두 짧은뜨기, 사슬뜨기 1, 편물 돌리기 [10]
20단 코줄이기, 다음 3코에 짧은뜨기, 단춧구멍을 만들기 위해 사슬뜨기 6, 다음 3코에 짧은뜨기, 코줄이기 [8+6사슬코]

실을 정리하고 실 끝을 꿰어서 숨겨주세요. 책가방의 앞쪽에 작은 사이즈의 단추를 꿰매어주세요. 20단의 사슬코 단춧구멍에 단추를 넣어서 가방을 잠글 수 있어야 합니다.

책가방 끈(2개 만들기, 겨자색 실로 떠주세요)

시작 실 꼬리를 길게 남겨주세요. 사슬뜨기로 27코 떠주세요. 단뜨기

로 뜹니다.

1단 코바늘에서 2번째 사슬코에서 시작, 다음 26코에 짧은뜨기, 사슬뜨기 1, 편물 돌리기 [26]

2단 26코 모두 짧은뜨기 [26]

실을 정리하고, 꿰맬 수 있도록 실 꼬리를 길게 남겨주세요. 양쪽 끈을 책가방의 뒤쪽 원형 5-6단과 11-12단에 꿰매어주세요.

사과(빨간색 실로 떠주세요)

원형 1단 매직링에 짧은뜨기 6으로 시작 [6]

원형 2단 6코 모두 코늘리기 [12]

원형 3-5단 12코 모두 짧은뜨기 [12]

사과에 솜을 넣어주세요.

원형 6단 코줄이기 6번 [6]

실을 정리하고, 실 꼬리를 남겨주세요. 돗바늘로 남은 코들의 앞 반 코에 실 꼬리를 꿰어준 다음 바짝 당겨서 조여주세요. 실 끝을 꿰어서 숨겨주세요.

사과 꼭지(갈색 실로 떠주세요)

사슬뜨기로 4코 떠주세요. 실을 정리하고, 실 꼬리를 남겨주세요. 사과 꼭지를 사과에 꿰매어주세요.

잎(초록색 실로 떠주세요)

사슬뜨기로 4코 떠주세요. 단뜨기로 뜹니다.

1단 코바늘에서 3번째 사슬코에서 시작, 다음 사슬코에 긴뜨기, 다음 사슬코에 짧은뜨기 [2]

실을 정리하고, 실 꼬리를 남겨주세요. 잎을 사과 꼭지에 잘 꿰매어주세요.

디자이너 소개

아이탈리 디자인(알라리아 칼리) - 이탈리아
알라리아는 코바늘을 무척 사랑한답니다. 아미구루미는 그녀의 첫사랑이랍니다. 일단 한 번 만들어본다면, 멈출 수가 없을 정도로 재미있죠! 알라리아의 책 『세계를 여행하는 손뜨개 인형』 등은 코바늘 팬들에게 천국이나 다름없어요.

렉스 인 스티치스(알렉사 템플턴) - 영국
렉스는 아미구루미 전문가이자 외과의사, 그리고 장난꾸러기 두 딸의 엄마입니다. 그녀는 독특하고 즐거움이 가득한 작품들을 만들어내는 자신의 디자인에서 다양하게 색을 구현하는 것을 정말 좋아한답니다.

리틀아쿠아걸(에린나 리) - 호주
에린나는 낮에는 과학자, 밤에는 코바늘뜨기 애호가랍니다. 부드러운 색감과 귀여운 캐릭터를 좋아해요. 그녀의 아미구루미는 귀여움의 절정이랍니다! 그녀는 『Amigurumi Treasures』 등의 책을 만들었어요.

예실토스바(담라 사바스) - 터키
담라는 실로 만드는 작품들을 언제나 꿈꿔왔어요. 가장 가까운 친구들 중 한 명이 임신해서 손으로 직접 만든 귀여운 선물을 찾던 중 우연히 아미구루미를 알게 되었고, 그리하여 그녀의 코바늘뜨기 여행이 시작되었답니다!

아무어 푸(카를라 미트라니) - 아르헨티나
카를라는 낮에는 텔레비전 프로그램 연출자, 밤에는 코바늘뜨기 중독자예요. 아이들이 잠자리에 들면 그녀는 곧바로 실과 코바늘이 있는 자신만의 세계로 들어간답니다. 카를라는 어린 시절 가지고 싶었던 인형 만들기를 특히 좋아합니다.

델리구루미(엘로디 쇼크) - 프랑스
미생물학자인 엘로디는 손으로 만드는 건 무엇이든지 잘 만듭니다. 그녀의 어머니는 엘로디가 8살 때 코바늘뜨기 하는 법을 가르쳤고, 그 이후 그녀는 할머니들을 위해 수천 장의 식탁 매트를 만들었답니다. 10년 전 박사 과정의 막바지에 스트레스 해소용으로 아미구루미 만들기를 시작했어요.

쿡 케이(호앙 티 응옥 안) - 베트남/프랑스
쿡 케이는 경제학을 전공했지만 딸에게 토끼 모자를 만들어주면서 커리어를 완전히 바꿨어요. 현재 그녀는 그림을 그리고, 코바늘뜨기를 하고, 귀여운 캐릭터들을 디자인하면서 하루를 보낸답니다.

끌로에 메이드(끌로에 코르텐) - 벨기에
끌로에는 어머니로부터 자신의 첫 번째 코바늘을 받자마자 사랑스러운 인형 만들기에 푹 빠졌어요. 그때부터 아미구루미로 동물원 전체를 만들어 왔어요. 아미구루미는 끌로에의 첫사랑이지만, 이제는 옷 만들기와 홈 데코까지 시야를 넓히고 있답니다.

스타프더바디(나탈리아 오신스카) - 폴란드
나탈리아는 코바늘뜨기를 무척이나 좋아하지만 각각의 팔다리를 모아서 서로 꼭 맞게 만들고 꿰매어 주는 일은 좋아하지 않아요. 그래서 솔기 없이 코바늘 뜨는 법을 만들었답니다. 늘 새로운 방법으로 솔기가 없는 코바늘 작품을 만들고 있습니다.

그린 프로그 크로셰(투이 안) - 베트남
투이 안은 의과 대학 첫 번째 해에 아미구루미와 사랑에 빠졌어요. 졸업 후 그녀는 이 세상에서 그 어떤 것보다 실을 사랑한다는 것을 깨닫고 의사가 되는 대신 코바늘뜨기 전문가가 되는 것을 선택했어요. 현재는 전업주부이자 아미구루미 디자이너입니다.

집집드림즈(엘리프 에디나 테크텐) - 터키/헝가리
에디나는 그녀의 고향인 헝가리에서 멀리 떨어진 터키에 살고 있어요. 아미구루미 덕분에 에디나는 자신의 열정을 나누고 아미구루미가 주는 행복으로 연결되어 있는 전 세계 곳곳의 친구들을 만났답니다.

이미구루미스(이멜다 "지노리" 아센시오) - 멕시코
이멜다는 낮에는 3D 애니메이션 선생님, 밤에는 코바늘뜨기 애호가예요. 10살이 되던 해에 어머니로부터 코바늘뜨기 방법을 배웠지만, 자신의 작은 딸이 태어나고 아미구루미 세계를 알게 될 때까지 코바늘뜨기를 전혀 좋아하지 않았어요. 하지만 그녀는 자신만의 인형들을 디자인하기 시작했고, 지금까지 계속 이어지고 있답니다.

레이첼 메이크스크로셰(레이첼 펜윅) - 영국
레이첼은 대학교 마지막 해에 독학으로 코바늘뜨기를 익히고 그 이후로 쭉 매료되었어요. 그녀는 연구원으로 일하며 저녁 시간과 주말을 코바늘뜨기로 채우고 있어요. 레이첼의 첫 번째 디자인이 이 책에 수록되어 있답니다.

이 책의 패턴들을 세심히 검토해준 교정자분들에게 감사의 인사를 드립니다. 애슈턴 커크햄, 질 콘스탄틴, 크리스티 랜드마, 세레나 추, 아이리스 돈고, 바바라 로만, 데비 이스트맨, 안네그레트 지거트, 섀넌 키시보, 크리시 리버스, 셰리 그리피스, 루이사 윌렘, 마리안 로스크비스트, 모니카 웨버, 에이미 존스, 비앙카 카롤키비츠, 롯데 뇌르고르 페데르센, 애니타 올레슈츠크, 루트가르드 반 디크, 멜리네 브로소, 마르얀 푸엔스, 일론카 라디니우스, 나탈리 반 달레인, 셀린느 브루넬로, 크리스티나 마리, 캐롤라인 밴디어, 카드리 살루, 카렌 셀레스틴 리, 소니아 폭스, 조세핀 로린, 라스카 티메아, 줄리타 재커즈, 사비나 샤펠후버, 아드리안 웨버, 실케 브리지먼 감사합니다!